Die drei Säulen des Vedanta

Upanishaden - Bhagavad Gita - Brahma Sutras

Band 2
Die Bhagavad Gita und Brahma Sutras

Inhalt

Vorwort

Die drei Säulen des Vedanta [Prasthanatrayi], daher die Upanishaden, die Bhagavad Gita und Brahma Sutras [Vedanta Sutras] bilden das Fundament dieser Philosophie.

Dank Adi Shankaracharya [7./8. Jahrhundert n. Chr.], einer der größten Philosophen, Weisheitslehrer und wichtigsten Vertreter des Nicht-Dualismus [Advaita Vedanta] wurde das Prasthanatrayi durch seinen herausragenden Kommentar [Bhashya] erheblich erweitert.

Auch Ramanujacharya [Begründer der Vishishtadvaita Schule] und Madhvacharya [Begründer der Dvaita Schule] verfassten Kommentare zu diesen Texten.

Obwohl bereits mehrere deutschsprachige Übersetzungen der Bhagavad Gita und Upanishaden existieren, war die Mission alle „drei Säulen" in zwei Bände zusammenzufassen und neu zu übersetzen. Die Sanskrittexte wurden bewusst ausgelassen, um jeden Vedanta oder Yoga-Praktizierenden einen leichten Einstieg zu ermöglichen. [Rückentext]

Viele Mantren bzw. Verse wurden durch Kommentare und Zitate bekannter Vedanta Lehrer ergänzt. Als Inspiration dienten verschiedene Werke von Swami Sivananda Saraswati, Swami Nikhilananda, Swami Chinmayananda, Swami Parthasarathy sowie Sarvepalli Radhakrishnan.

Band 1 umfasst die Übersetzung der zehn wichtigsten [Mukhya] Upanishaden, der Mandukya Karika von Gaudapada als auch der Shvetashvatara und Kaivalya Upanishade.

Band 2 umfasst die Übersetzung der Bhagavad Gita und Brahma Sutras.

Ein besonderer Dank gilt denjenigen, die mich dazu ermutigt und unterstützt haben. Dazu zählen alle großen Lehrer und bestimmte Personen, denen ich begegnet bin. Der größte Dank gilt der Wahrheit, dem Absoluten selbst.

Thomas Felber

Wien, September 2018

Die Bhagavad Gita

Struktur: 18 Kapitel.
Anzahl der Verse: 700 [laut anderen Übersetzungen 701].

KAPITEL 1: DIE VERZWEIFLUNG VON ARJUNA

DHRITARASHTRA sprach:

1. Was taten meine Söhne und die Söhne der Pandavas, als sie sich auf dem heiligen Feld der Gerechtigkeit [Kurukshetra] versammelten, um gegeneinander zu kämpfen, O Samjaya?

SAMJAYA sprach:

2. Nachdem Prinz Duryodhana die Armee der Pandavas gesehen hatte, die in Gefechtslinie aufgestellt waren, trat er an seinen Lehrer [Drona] heran und sprach folgende Worte:

3. O Lehrer, sieh dir diese mächtige Armee der Söhne von Pandu an, die von deinem talentierten Schüler, dem Sohn der Drupada, geführt wird.

4. Hier sind Helden, mächtige Bogenschützen, die im Kampf Bhima und Arjuna ebenbürtig sind; Yuyudhana Virata und Drupada auf große Streitwagen.

5. Dhrishtaketu, Chekitana, und der tapfere König von Kasi, Purujit und Kuntibhoja, und Saibya, alle diese starken Männer.

6. Der heldenhafte Yudhamanyu und der tapfere Uttamaujas; der Sohn von Subhadra und die Söhne von Draupadi, lauter große Helden und Wagenlenker.

7. Erfahre auch, O Bester unter den Zweimalgeborenen, die Namen auf unserer Seite, den Anführer meiner Armee; ich werde sie dir nennen.

8. Du selbst und Bhishma, Karna und auch Kripa, der im Krieg Siegreiche, Ashvatthama und Vikarna, und auch Jayadratha, der Sohn Somadatta.

9. Und auch viele andere Helden, die bereit sind, ihr Leben für mich zu geben, mit verschiedenen Waffen ausgerüstet und für einen Kampf gut ausgebildet sind.

10. Unsere Armee, die von Bhisma geschützt wird, ist unzureichend, während ihre Armee, die unter dem Schutz von Bhima steht, ausreichend ist.

11. Und darum beschützt alle nur Bhisma, in euren jeweiligen Positionen der verschiedenen Divisionen innerhalb der Armee.

12. Um ihn zu ermutigen, brüllte sein mächtiger Großvater [Bhisma], der älteste der Kauravas, wie ein Löwe und blies sein Schneckenhorn.

13. Darauf [nach dem Beispiel Bhishmas] erschallten plötzlich [von Seiten der Kauravas] Schneckenhörner und Pauken, große und kleine Trommeln [symbolisch für die mentale Unruhe] und Hörner, der Klang war gewaltig.

14. Dann bliesen auch Krishna [Madhava] und Arjuna, die in ihrem mit weißen Rössern gespannten prächtigen

Streitwagen [symbolisch für glänzende Menschen] saßen, in ihre göttlichen Schneckenhörner.

15. Krishna [Hrishikesa] blies die Panchajanya und Arjuna die Devadatta. Bhima, Täter der schrecklichen Taten, blies sein großes Schneckenhorn Paundra.

16. König Yudhishthira, der Sohn von Kunti, blies die Anantavijaya, während Nakula und Sahadeva die Sughosha und die Manipushpaka bliesen.

17. Der König von Kasi, ein ausgezeichneter Bogenschütze, Sikhandi, ein großer Wagenlenker, Dhrishtadyumna und Virata, und der unbesiegte Satyaki.

18. Drupada und die Söhne von Draupadis, o Herr der Erde, und der mit mächtigen Waffen ausgerüstete Sohn Subhadras, alle zusammen bliesen ihre jeweiligen Schneckenhörner.

19. Dieser mächtige Klang zerriss die Herzen [die Angst der Menschen] von Dhritarashtras Gefolge und ließ Himmel und Erde erklingen.

20. Als nun Arjuna, der Sohn Pandus, dessen Zeichen der Affe war, die Menschen aus dem Gefolge Dhritarashtras in Gefechtslinie aufgestellt sah, die Waffen entsichert, um zu kämpfen, nahm er seinen Bogen und wandte sich mit den folgenden Worten an Krishna, O Herr der Erde.

21-22. Arjuna sprach: Stelle meinen Streitwagen in die Mitte zwischen beide Armeen, O Krishna, damit ich die sehe, die hier zum Kampf bereit aufgestellt sind, und erkenne, gegen wen ich zu kämpfen habe, sobald die Schlacht beginnt.

23. Denn ich möchte sie deutlich sehen, die hier zum Kampf versammelt sind, um den übelgesinnten Duryodhana [dem Sohn Dhritarashtras] in der Schlacht zu erfreuen.

24. Sanjaya sprach: Nachdem Arjuna zu Krishna gesprochen hatte, stellte dieser, O Dhritarashtra, den besten aller Streitwagen in die Mitte zwischen beiden Armeen.

25. Angesichts von Bhishma und Drona und allen Herrschern der Welt sagte er: O Arjuna, [Sohn Prithas] sieh die versammelten Kurus.

26. Da sah Arjuna, [der Sohn Prithas], dass hier [in den Armeen] Väter und Großväter, Lehrer, Onkel, Brüder, Söhne, Enkel und auch Freunde aufgestellt waren.

27. In beiden Armeen sah er Schwiegerväter und auch Freunde. Als Arjuna der Sohn Kuntis, alle seine Angehörigen aufgestellt sah, sprach er in großer Trauer und mit tiefem Mitleid erfüllt.

28. Arjuna sprach: Wenn ich diese kampfbereiten Menschen, meine Verwandten in Gefechtslinie aufgestellt sehe, O Krishna,

29. versagen meine Glieder, mein Mund wird trocken, mein Körper zittert, und meine Haare stehen zu Berge.

30. Der Bogen entgleitet meiner Hand und die Haut meines Körpers brennt; Ich kann auch nicht stehen und mein Verstand wirbelt sozusagen umher.

31. Und, O Krishna [Kesava], ich sehe Vorzeichen, die Böses ahnen lassen. Ich sehe auch nichts Gutes, wenn ich meine Verwandten im Kampf töte.

32. Ich wünsche nicht den Sieg, O Krishna, noch das Königreich, noch die Freuden. Was nützt uns die Herrschaft, O Krishna [Govinda]? Was nützt uns das Vergnügen oder sogar das Leben?

33. Jene, für die wir Königreich, Freuden und Vergnügen wünschen, stehen hier bereit zu kämpfen und haben ihr Leben und ihren Reichtum eingesetzt.

34. Lehrer, Väter, Söhne und auch Großväter, Onkel, Schwiegerväter, Enkel, Schwager und andere Verwandte.

35. Diese, O Krishna, will ich nicht töten, obwohl sie mich töten, nicht einmal, um der Herrschaft über die drei Welten willen; viel weniger, um der Erde willen!

36. O Krishna [Janardana], welche Freude wird unsere sein, nachdem wir die Söhne von Dhritarashtra getötet haben? Wenn wir diese Verbrecher töten, wird uns die Sünde ergreifen.

37. Daher dürfen wir die Söhne Dhritarashtras, unsere Verwandten nicht töten; denn wie können wir glücklich sein, wenn wir unsere Angehörigen töten, O Krishna [Madhava]?

38. Wenn diese auch nichts Böses darin sehen, Familien zu zerstören, noch eine Sünde in der Feindseligkeit gegenüber Freunden, da ihr Verstand von der Gier überwältigt ist,

39. Warum sollten dann nicht wir, die das Böse in der Zerstörung von Familien deutlich erkennen, lernen, uns von dieser Sünde abzuwenden, O Krishna [Janardana]?

40. Wenn eine Kultur zerstört wird, verlöschen die uralten religiösen Riten dieser Kultur [dharma]; in Folge der

Zerstörung der Spiritualität sucht in der Tat Gottlosigkeit [adharma] die ganze Kultur heim.

41. Wenn Gottlosigkeit [adharma] regiert, O Krishna, verlieren die Frauen dieser Kulturen ihre Ehre. Und durch die Ehrlosigkeit der Frauen, O Krishna [Varshneya] kommt es zur Vermischung der Kasten.

42. Die Vermischung der Kasten bringt die Mörder der Kultur in die Hölle, denn ihre Ahnen fallen, da sie keinen Reis und kein Wasser [Trankopfer] erhalten haben.

43. Durch die bösen Taten derer, die Kulturen zerstören und somit die Vermischung der Kasten verursachen, werden die ewigen religiösen Riten [dharma] der Kaste und der Kultur zerstört.

44. Wir haben gehört, O Krishna [Janardana], dass es Angehörigen von Kulturen in denen die religiösen Praktiken zerstört wurden, bestimmt ist, für eine unbekannte Dauer in der Hölle zu verweilen.

45. Ach! Wir haben uns entschlossen, eine große Sünde zu begehen, indem wir versuchen, aus Gier nach den Freuden eines Königreiches unsere Angehörigen zu töten.

46. Es wäre für mich besser, die bewaffneten Söhne Dhritarashtras töten mich im Kampf, während ich unbewaffnet bleibe und keinen Widerstand leiste.

47. Sanjaya sprach: Arjuna, der von Trauer geplagt war, warf seinen Bogen und seine Pfeile in der Mitte des Schlachtfeldes beiseite und setzte sich in den Streitwagen.

1. Sanjaya sprach: Zu dem, der so von Mitleid überwältigt und geplagt war und dessen Augen voller Tränen und Aufregung waren, sprach Krishna [Madhusadana]:

2. Bhagavan Krishna sprach: Woher kommt diese gefährliche Verzweiflung in dir, diese Niedergeschlagenheit, die deiner nicht würdig und unehrenhaft ist und die dir die Himmelstore verschließen wird, O Arjuna?

3. Erliege nicht der Hilflosigkeit, O Arjuna, Sohn Prithas. Sie schafft dir keinen Nutzen. Verwerfe diese armselige Schwäche aus deinem Herzen und erhebt dich, O Zerstörer der Feinde.

4. Arjuna sprach: O Krishna, wie soll mit Pfeilen gegen Bhishma und Drona kämpfen, die der Anbetung würdig sind, O Zerstörer der Feinde?

5. Besser ist es, wenn man in dieser Welt von Almosen lebt, als diese ehrwürdigen Lehrer zu töten. Aber wenn ich diese Lehrer töten sollte, wird schon in dieser Welt all meine Freude am Besitz und an der Erfüllung meiner Wünsche mit [ihrem] Blut befleckt sein.

6. Und wir wissen nicht, was für uns die bessere Alternative ist, noch wissen wir, ob wir sie erobern oder sie uns erobern werden. Auch die Söhne Dhritarashtras stehen uns gegenüber; nachdem sie getötet wurden, möchten auch wir nicht mehr leben.

7. Mein Herz ist verseucht durch den Makel der Hilflosigkeit, mein Verstand über mein Dharma verwirrt, ich frage dich:

Sage mir, was absolut gut ist. Ich bin dein Schüler. Lehre mich, da ich bei dir Zuflucht genommen habe.

8. Ich erkenne nicht, dass es diese Sorge beseitigen würde, die meine Sinne verbrennt, auch nicht, wenn ich blühende und unangefochtene Macht über die Erde und Herrschaft über die Götter erlange.

9. Sanjaya sprach: Nachdem er mit Krishna [Hrishikesa] gesprochen hatte, sagte Arjuna, der Zerstörer der Feinde, zu Krishna [Govinda]: „Ich werde nicht kämpfen", und blieb wahrhaftig still.

10. Zu ihm, der inmitten der zwei Armeen trauerte, O Bharata, sprach Krishna [Hrishikesa] lächelnd, folgende Worte:

11. Bhagavan Krishna sagte: Über jene, die keinen Kummer verdienen, hast du getrauert, und Worte der Weisheit sprichst du. Die Weisen trauern weder über die Lebenden noch über die Toten.

12. Niemals habe ich [Atman] nicht existiert, noch du, noch diese Herrscher der Menschen; und niemand von uns wird jemals aufhören zu existieren.

13. So wie in diesem Körper das verkörperte Selbst [Jiva] in die Kindheit, die Jugend und [ins hohe] Alter übergeht, so wandert das verkörperte Selbst [Jiva] in einen anderen Körper. Der Weise ist nicht verzweifelt.

14. Die Sinneswahrnehmungen sind es, O Sohn von Kunti, die Hitze und Kälte verursachen; Vergnügen und Schmerz; sie kommen und gehen, sie sind vergänglich. Ertrage sie tapfer, O Arjuna.

15. Der weise Mensch, den all dies nicht berührt, O größter unter den Menschen, und für den das Vergnügen und der Schmerz gleichbedeutend sind, ist geeignet, Unsterblichkeit zu erlangen.

16. Das Unwirkliche [phänomenale Welt] hat kein Sein; es gibt kein Nichtsein des Wirklichen [Atman]; wer die Wahrheit realisiert [die Essenz], hat erkannt, was an beidem wahr ist.

17. Aber wisse, dass es [Atman] unvergänglich ist, von dem das alles durchdrungen ist. Keiner kann die Zerstörung des Unvergänglichen verursachen.

18. Es heißt, diese Körper, die das ewige, unzerstörbare und unermessliche Selbst [Atman] umgeben, hätten ein Ende. Kämpfe also, O Arjuna.

19. Wer das Selbst [Atman] für Tötenden hält und wer denkt, dass es [Atman] getötet wird, so haben beide unrecht. Es tötet weder, noch wird es getötet.

20. Er [Atman] ist ungeboren, unsterblich; nachdem er war, hört er jedoch nicht auf zu sein; ungeboren, ewig, unveränderlich und älter als die Zeit, er wird nicht getötet, wenn der Körper getötet wird.

21. Wenn ein Mensch jedoch erkennt, dass der Atman unzerstörbar, ewig, ungeboren und unerschöpflich ist, wie kann er dann töten, O Arjuna oder Tod verursachen?

22. So wie ein Mensch abgenutzte Kleider auszieht und neue anzieht, so wirft das verkörperte Selbst [Jiva] abgenutzte Körper ab und betritt neue.

23. Waffen schneiden es nicht, Feuer verbrennt es nicht, Wasser befeuchtet es nicht, und der Wind trocknet es nicht.

24. Es kann nicht zerschnitten, nicht verbrannt, nicht befeuchtet und nicht getrocknet werden. Es ist ewig, alldurchdringend, stabil, fest und ohne Anfang oder Ende.

25. Es, so heißt es, ist nicht manifestiert, nicht vorstellbar und unveränderlich. Da du weißt, dass es so ist, sorge dich nicht.

26. Aber selbst, wenn du daran denkst, dass es immer geboren wird und immer stirbt, O Arjuna, solltest du nicht trauern.

27. Selbst dann, O mächtig Bewaffneter, sorge dich nicht, denn für die, die geboren wurden, ist der Tod unvermeidlich, und die Geburt für jene, die [bereits] tot sind. Darum sollst du über das Unvermeidliche nicht trauern.

28. Zu Beginn sind Wesen unsichtbar, in ihrer Mitte sichtbar, O Arjuna, und am Ende sind sie wieder unsichtbar. Worüber sollte man sich beklagen?

29. Man betrachtet es [Atman] als ein Wunder; und so spricht auch ein anderer von ihm [Atman] als ein Wunder; und als ein Wunder hört ein anderer von ihm [Atman]; und obwohl er hört, versteht das Selbst [Atman] keiner.

30. Er, das verkörperte Selbst [Jiva] in jedem Körper, kann niemals getötet werden, O Arjuna. Darum sollst du über kein Geschöpf trauern.

31. Auch in Anbetracht deiner eigenen Pflicht sollst du nicht schwanken. Denn für einen Kshatriya [Krieger] gibt es nichts Höheres als einen rechtmäßigen Kampf.

32. Glücklich sind die Kshatriyas, O Arjuna! Die aufgerufen sind, in einem solchen Kampf zu bestehen, der sich ohne ihr Zutun als offenes Tor zum Himmel anbietet.

33. Nun, wenn du diesen rechtmäßigen Kampf nicht führen willst, dann wirst du, nachdem du deine eigene Pflicht und deinen Ruhm aufgegeben hast, Sünde erleiden.

34. Auch die Menschen werden von deiner ewigen Schande erzählen; und für einen, der geschätzt wurde, ist Schande schlimmer als der Tod.

35. Die großen Lenker der Streitwagen werden denken, du hast dich aufgrund deiner Furcht aus dem Kampf zurückgezogen; und da du bisher von ihnen hochgeschätzt wurdest, werden sich dich gering schätzen.

36. Auch deine Feinde, die deine Macht verachten, werden viele beleidigende Worte verwenden. Was ist schmerzhafter als das?

37. Wenn du getötet wirst, erlangst du den Himmel; wenn du siegst, erfreust du dich der Erde; daher, Sohn Kuntis, erhebe dich entschlossen zum Kampf.

38. Nachdem Vergnügen und Schmerz, Gewinn und Verlust und auch Sieg und Niederlage für dich gleichbedeutend sind, nimm den Kampf um des Kampfes willen auf; so wirst du nicht sündigen.

39. Du hast die Weisheit über Sankhya gelernt. Höre nun die Weisheit über Yoga [Karma Yoga]; wenn du sie besitzt, O Arjuna, wirst du das Band des Karmas ablegen.

40. Dabei ist keine Anstrengung vergebens und es entsteht auch kein Schaden. Selbst ein wenig von dieser Hingabe befreit einen von großer Angst.

41. Hier, O Sohn von Kuru, gibt es nur einpünktige Entschlossenheit. Vielfach verzweigt und endlos sind die Gedanken des Unentschlossenen.

42. Schöne Worte finden die Unklugen, die an den rühmenden Worten der Veden Gefallen finden, O Arjuna, und sich sagen: Es gibt nichts anderes.

43. Sie sind voller Wünsche, der Himmel ist ihr Ziel, und das Ergebnis ihrer Handlungen ist eine neuerliche Geburt; sie schreiben verschiedene Methoden mit einer Überfülle an bestimmten Handlungen vor, um Vergnügen und Macht zu erlangen.

44. Menschen, die an Vergnügen und Macht hängen, und deren Verstand durch solche Lehren abgelenkt wird, bildet sich nicht diese Entschlossenheit, die stets auf Meditation und Samadhi ausgerichtet ist.

45. Die Veden behandeln die Triade der Gunas. Sei, O Arjuna, frei von der Triade der Gunas, frei von Gegensätze, verweile immer in der Eigenschaft von Sattva, frei von den Gedanken an Besitz und Erhaltung, und verweile im Selbst [Atman].

46. Für den Brahmanen mit Selbsterkenntnis sind alle Veden ebenso viel wert wie ein Wasserbehälter an einem überfluteten Ort.

47. Deine Sorge gilt nur dem Handeln, niemals dem Ergebnis. Die Frucht des Handelns sei nicht dein Motiv, noch dein Eigensinn für Untätigkeit.

48. So handle, O Arjuna, und sei im Yoga fokussiert, gib Bindungen auf, und bewahre Gelassenheit im Erfolg und Misserfolg. Die Beherrschung des Verstands und Gelassenheit wird Yoga genannt.

49. Wahrlich, die Handlung ist der Hingabe an die Weisheit [Buddhi Yoga] weit unterlegen, O Arjuna. In der Weisheit [Buddhi] suchst du Zuflucht. Erbärmlich sind die, deren Motiv die Früchte der Handlungen sind.

50. Wer Weisheit besitzt, wirft hier sowohl gute als auch schlechte Handlungen ab. Deshalb widme dich dem Yoga. Mit Bezug auf Handlungen ist Yoga eine Macht.

51. Denn die Menschen der Weisheit werfen die Frucht des Handelns ab; sie sind im Besitz von Wissen, befreit vom Band der Wiedergeburt und gehen an den Ort, wo es kein Übel gibt [Selbsterkenntnis].

52. Wenn dein Verstand über den Sumpf der Täuschung [Maya] hinausgeht, wirst du Gelassenheit gegenüber Gehörtem [Erfahrungen] und noch zu Hörendem erlangen.

53. Wenn dein Verstand verwirrt durch die Worte der Veden war, die du gehört hast, nun unerschütterlich und im Selbst [Atman] verweilst, wirst du Selbsterkenntnis erlangen.

54. Arjuna sagte: Wie, O Krishna, ist ein Mensch von stetiger Weisheit, einer der Selbsterkenntnis erlangt hat? Wie spricht jemand, der Selbsterkenntnis besitzt, wie sitzt er, wie geht er?

55. Bhagavan Krishna sagte: Wenn ein Mensch, der allein im Selbst [Atman] zufrieden ist, alle Wünsche des Verstands völlig verwirft, dann ist er ein Mensch von beständigem Wissen.

56. Er, dessen Verstand durch Unglück nicht erschüttert wird, von dem alle Sehnsucht nach Vergnügungen verschwunden ist, der frei von Anhaftung, Angst und Zorn ist, wird ein Weiser genannt, ein Mensch von beständigem Wissen.

57. Wer überall ohne Anhaftung ist, Gutem wie Schlechtem ohne Bindung begegnet und weder bejubelt noch verabscheut, dessen Weisheit ist beständig.

58. Wenn er, so wie eine Schildkröte, die ihre Glieder an allen Seiten einzieht, seine Sinne von den Sinnesobjekten zurückzieht, wird seine Weisheit beständig.

59. Sinnesobjekte entziehen sich einem enthaltsamen Menschen, und lassen das Verlangen zurück; aber auch sein Verlangen wendet sich ab, wenn er den Höchsten [Atman] erkannt hat.

60. Die ungezähmten Sinne, O Arjuna, tragen den Verstand eines Weisen gewaltsam weg, auch wenn sie danach streben den Verstand zu kontrollieren.

61. Ein Mensch, der sie alle [Sinne] zurückhält, sollte standhaft bleiben und in mich versenkt sein. Sein Wissen ist beständig, dessen Sinne unter Kontrolle sind.

62. Wenn ein Mensch an Gegenstände denkt, entsteht eine Bindung an sie. Aus Bindung entsteht Begehren, aus Begehren entsteht Zorn.

63. Aus Zorn entsteht Täuschung; aus Täuschung, der Verlust der Erinnerung; aus dem Verlust der Erinnerung, die Zerstörung der Unterscheidung; durch die Zerstörung der Unterscheidung geht er zugrunde.

64. Der selbstbeherrschte Mensch jedoch, der sich mit beherrschten Sinnen zwischen den Dingen bewegt und frei ist von der Anziehung und Ablehnung, erlangt Frieden.

65. Im Frieden gibt es ein Ende seines Elends; denn der Verstand des Gleichmütigen wird bald beständig.

66. Es gibt keine Weisheit für die Unbeständigen, und keine Meditation für die Unbeständigen, und für die Unbeständigen, keinen Frieden; wie kann es Glück für den Menschen geben, der keinen Frieden hat?

67. Denn der Verstand, der den umherziehenden Sinnen nachgibt, trägt seine Unterscheidungsfähigkeit fort, so wie der Wind ein Boot im Wasser [fortträgt].

68. Deshalb, O mächtig bewaffneter Arjuna, ist sein Wissen beständig, dessen Sinne von Sinnesobjekte völlig abgehalten werden.

69. Was für alle Wesen Nacht ist, da ist der Selbstbeherrschte wach. Wenn alle Wesen wach sind, ist das die Nacht des Weisen, der erkennt.

70. Der Mensch erlangt Frieden, in dem alle Wünsche wie Wasser in den Ozean fließen, der unbewegt bleibt, obgleich er von allen Seiten erfüllt wird; nicht aber der Mensch, der voller Wünsche ist.

71. Dieser Mensch erreicht den Frieden, der sich ohne Eigensinn, ohne Egoismus, ohne Eitelkeit bewegt, indem er alle Wünsche aufgibt.

72. Das ist der Sitz Brahmans [der ewige Zustand], O Sohn Prithas. Keiner, der diesen erreicht hat, unterliegt der

Täuschung [Maya]. Wer darin auch am Ende des Lebens fest verwurzelt ist, erreicht die Einheit mit Brahman [Selbsterkenntnis].

KAPITEL 3: KARMA YOGA

1. Arjuna sagte: Wenn du denkst, dass das Wissen dem Handeln überlegen ist, O Krishna [Janardana], warum führst du mich dann, O Krishna [Kesava], zu dieser schrecklichen Handlung?

2. Mit einer scheinbar unklaren Rede verwirrst du gleichsam mein Verständnis. Deshalb erkläre mir den Weg, auf dem ich zur Glückseligkeit gelangen kann.

3. Bhagavan Krishna sprach: In dieser Welt wurde von mir zuerst ein zweifacher Weg gelehrt, O Sündloser: den Weg des Wissens der Sankhyas [Jnana Yoga] und den des Handelns der Yogis [Karma Yoga].

4. Nicht durch Verzicht auf Handlungen gewinnt der Mensch Handlungslosigkeit [Vollkommenheit], noch durch bloßes Entsagen erreicht er Vollkommenheit.

5. Wahrlich, keiner auch nicht für einen Augenblick, bleibt jemals ohne Handlungen; denn jeder wird hilflos von den Energien [vasanas] der Natur zum Handeln getrieben.

6. Wer die Sinne beherrscht und im Verstand an die Sinnesobjekte denkt, während er sitzt, und dessen Verstehen getrübt ist, wird ein Heuchler genannt.

7. Wer aber die Sinne durch den Verstand beherrscht, O Arjuna, und mit den Sinnen ohne Anhaftung, Karma Yoga übt, ist vortrefflich.

8. Erfülle deine Pflicht; denn die Handlung ist der Untätigkeit überlegen. Und selbst die Aufrechterhaltung des Körpers wäre dir durch Untätigkeit nicht möglich.

9. Die Welt wird durch Handlungen gebunden, die nicht als Opfer [Yajna] durchgeführt werden; daher handle O Arjuna, einzig aus diesem Beweggrund [Yajna], frei von Anhaftung um des Herrn willen.

10. Prajapati [der Schöpfer] der zu Beginn [der Schöpfung] die Menschheit gemeinsam mit dem Opfer [Yajna] erschaffen hatte, sprach: „Dadurch möget ihr euch fortpflanzen; lasst dies die Milchkuh eurer Wünsche sein."

11. Damit nährt ihr die Götter [bestimmte Ziele setzen], und die Götter werden euch nähren [Yajna]; so werdet ihr einander nähren und das höchste Gut erlangen.

12. Durch das Opfer [Yajna] genährt, werden euch die Götter wahrlich die Freuden schenken, die ihr euch wünscht. Wer - ohne ihnen ihre Gaben zu opfern - genießt, ist wahrlich ein Dieb.

13. Die Rechtschaffenen, die die Reste der Opfergaben verzehren, werden von allen Sünden befreit; die Sündigen aber, die Speisen [nur] für sich selbst zubereiten, nehmen wahrlich Sünden an sich.

14. Aus der Nahrung kommen Geschöpfe hervor; die Produktion von Nahrung kommt aus dem Regen; der Regen kommt aus dem Opfer [Yajna]; das Opfer wird aus der Tat geboren;

15. Wisse, dass Handlung von Brahma [der Schöpfer] kommt, und Brahma kommt vom Unvergänglichen [Brahman]. Daher ist das Alldurchdringende [Brahman] immer im Opfer anwesend.

Kommentar: Alles ruht in Yajnas [Opfer]. Durch Yajnas sind alle Geschöpfe aus Brahman entstanden und durch Yajnas kehren alle zu Brahman zurück.

16. Wer hier nicht dem Rad [Prinzip der Yajnas] folgt, das in Bewegung gesetzt wurde, wer in Sünde lebt und im Sinnesgenuss schwelgt, der lebt umsonst, O Arjuna.

17. Der Mensch, der sich nur im Selbst [Atman] erfreut, der im Selbst [Atman] Zufriedenheit findet, der sich mit dem Selbst [Atman] zufrieden gibt - für ihn gibt es nichts zu tun.

18. Für einen Kenner von Brahman gibt es kein Interesse daran, was getan oder nicht getan wird. Er ist auch in keiner Weise von jemand abhängig.

19. Deshalb führe konstant die Handlung, die getan werden sollte ohne Anhaftung aus; denn wenn du ohne Anhaftung handelst, erreicht der Mensch das Höchste [Brahman].

20. Nur durch Handlungen erreichten Janaka und andere, Perfektion. Auch zum Schutze der Menschen musst du handeln.

21. Was auch immer ein großer Mensch macht, dass tun auch die anderen; was er zur Regel erhebt, dem folgt die Welt.

22. Es gibt nichts in den drei Welten, O Arjuna, das ich tun müsste, und es gibt auch nichts Unerreichtes zu erreichen; und doch handle Ich weiter.

23. Denn wenn ich nicht stets unermüdlich handle, O Arjuna, würden mir die Menschen in jeder Weise nachfolgen.

24. Diese Welten wären zerstört, wenn ich nicht handeln würde; Ich wäre der Urheber von Verwirrung und Untergang der Wesen.

25. Die Unwissenden handeln aus der Anhaftung an die Handlung, O Arjuna, der Weise sollte ohne Anhaftung handeln, um das Wohlergehen der Menschen.

26. Der Weise verwirrt nicht den Verstand unwissender Menschen, die an ihrem Handeln hängen; er ermutigt sie zu allen Handlungen und führt sie selbst mit Hingabe aus.

27. Handlungen werden in allen Erscheinungen durch die Energien [Gunas bzw. vasanas] der Natur bewirkt. Wer vom Egoismus getäuscht wird, denkt: „Ich bin der Handelnde".

28. Wer jedoch die Wahrheit über die Bereiche der Eigenschaften und [ihre] Funktionen erkennt, O mächtig Bewaffneter [Arjuna], und weiß, dass sich die Gunas [in Form] als Sinne mit den Gunas [in Form] als Sinnesobjekte beschäftigen, ist nicht gebunden.

29. Diejenigen, die von den Energien [Gunas] der Natur getäuscht werden, sind mit den Funktionen der Energien verbunden. Der Mensch, der vollkommenes Wissen besitzt, verwirre nicht den Törichten, dessen Wissen unvollkommen ist.

30. Entsage allen Handlungen [allem Karma] in mir, konzentriere den Verstand auf das Selbst [Atman], sei frei von Hoffnung, frei von Egoismus, frei von [geistigem] Fieber und kämpfe.

31. Menschen, die beständig meine Lehre voll Glauben [Shradda] und ohne sich zu beklagen, praktizieren, werden ebenfalls vom Karma befreit [Selbsterkenntnis].

32. Menschen aber, die an meiner Lehre zweifeln und sie nicht praktizieren, deren Wissen vollkommen getäuscht ist, und die keine Unterscheidungsfähigkeit besitzen, wisse, sie sind unvermeidlich der Zerstörung preisgegeben.

33. Selbst der Weise handelt in Übereinstimmung mit seiner eigenen Natur; [alle] Wesen folgen ihrer Natur; was soll Zwang nützen?

34. Anhaftung und Abneigung gegenüber den Sinnesobjekten liegen in den Sinnen; niemand soll diesen beiden unterworfen sein; denn sie sind seine Feinde.

35. Besser die eigene Pflicht [svadharma], wenn auch ohne Verdienst, als eine noch so gute erfüllte fremde Pflicht [paradharma]. Besser ist der Tod in der eigenen Pflicht, die Pflicht eines anderen ist gefährlich.

36. Arjuna sprach: Aber wodurch getrieben sündigt der Mensch, selbst gegen seinen Willen, O Krishna, gleichsam wie durch Gewalt gezwungen?

37. Bhagvan Krishna sprach: Es ist Verlangen, es ist Zorn, geboren aus der Energie des Rajas [Guna], alles verschlingend, alles sündhaft; erkenne dies als den Feind [in dieser Welt].

38. So wie das Feuer von Rauch verdeckt ist, wie ein Spiegel von Staub, wie der Fötus in der Gebärmutter, so ist Wissen durch Unwissenheit verdeckt.

39. O Arjuna, die Weisheit ist verhüllt von diesem ständigen Feind des Weisen in Gestalt des Wunsches, der so unersättlich wie das Feuer ist.

40. Es heißt, die Sinne [physische Anhaftung], das Denken [mentale Anhaftung] und der Verstand [intellektuelle Anhaftung] wären sein Sitz; durch sie wird der Verkörperte getäuscht, da sie seine Weisheit verschleiern.

41. Darum oh Bester der Bharatas [Arjuna] zügle zuerst die Sinne, werfe dieses sündige Ding ab, das Wissen und Weisheit zerstört.

42. Es heißt, die Sinne sind dem Körper überlegen; Manas [das Denken] ist den Sinnen überlegen; Buddhi [der Verstand] ist Manas überlegen; Es [Atman] ist sogar dem Buddhi überlegen.

43. Erkenne also das, was dem Verstand überlegen ist, sei durch das Selbst [Atman] beherrscht, und dann töte, O mächtig bewaffneter Arjuna, den schwer zu schlagenden Feind in Gestalt des Wunsches.

KAPITEL 4: JNANA YOGA

1. Bhagavan Krishna sprach: Dieses unvergängliche Yoga lehrte ich Vivasvan [Gott der Sonne]; er gab es an Manu weiter. Manu lehrte Ikshvaku.

2. Die königlichen Weisen kannten dieses Yoga, dass in direkter Folge weitergegeben wurde. Dieses Yoga ging über einen langen Zeitraum verloren, O Parantapa.

3. So habe ich dir heute dieses uralte Yoga beigebracht, denn du verehrst mich und bist mein Freund; denn das ist das höchste Geheimnis.

4. Arjuna sprach: Du wurdest später geboren und die Sonne ist vor dir entstanden; wie soll ich verstehen, dass du dieses Yoga am Anfang gelehrt hast?

5. Bhagavan Krishna sprach: Viele Geburten liegen hinter mir; sowie wie bei dir O Arjuna; all dies weiß ich, du weißt es nicht, O Belästiger der Feinde.

6. Obwohl ich ungeboren, unvergänglich und der Herr aller Wesen bin, werde ich durch meine Maya geboren, da ich meine Natur beherrsche.

7. Immer dann, wenn Dharma [Rechtschaffenheit] verfällt O Arjuna und Adharma [Ungerechtigkeit] wächst, manifestiere ich mich selbst.

8. Zum Schutz des Guten, zur Vernichtung der Übeltäter, zur Stabilität der Rechtschaffenheit werde ich in jedem Zeitalter geboren.

9. Wer demnach meine göttliche Geburt und Handlung in Wahrheit erkennt [Selbsterkenntnis], wird nicht wiedergeboren, wenn er diesen Körper verlässt; er kommt zu mir, O Arjuna.

10. Frei von Anhaftung, Furcht und Zorn, in mir verankert, in mir Zuflucht genommen und durch das Feuer der Erkenntnis gereinigt, haben viele mein Wesen erlangt.

11. Wie auch immer sich mir die Menschen nähern, so belohne ich sie; meinen Weg verfolgen die Menschen in allen Dingen, O Arjuna.

12. Menschen, die sich in dieser Welt Erfolg im Handeln wünschen, opfern den Göttern; denn Menschen erlangen durch Handeln rasch Erfolg.

13. Die vierfache Kaste ist von mir aufgrund der Verteilung der Energien [Gunas bzw. vasanas] und Handlungen erschaffen worden; obwohl ich der Autor davon bin, wisse, ich handle nicht und bin unveränderlich.

14. Handlungen beeinträchtigen mich nicht, noch habe ich den Wunsch nach der Frucht von Handlungen. Wer mich erkennt, ist an Handlungen nicht gebunden.

15. In diesem Wissen handelten in früheren Zeiten auch jene, die nach der Freiheit strebten; daher handle auch du, so wie es die Alten seinerzeit taten.

16. Was ist Handlung [karma]? Was ist Untätigkeit [akarma]? - Was das betrifft, werden sogar die Weisen getäuscht. Ich werde dich solches Handeln lehren, durch dessen Kenntnis du vom Übel befreit wirst.

17. Denn wahrlich die [wahre] Natur der Handlung, wie auch des Karmas [laut den Schriften] muss erkannt werden, wie auch der verbotenen Handlungen und der Untätigkeit. Die Natur [der Lauf] des Handelns ist schwer zu verstehen.

18. Wer Untätigkeit [akarma] in Handlung [karma] und Handlung [karma] in Untätigkeit [akarma] erkennt, der ist weise unter den Menschen, er ist fromm, er ist der Ausführende aller Handlungen.

19. Ein Mensch, dessen Unternehmungen frei von Begierde [Wünsche] und egoistischen Absichten sind und dessen Handlungen im Feuer der Erkenntnis verbrannt wurden – denjenigen nennen die Wissenden einen Weisen.

20. Nachdem er die Anhaftung an die Früchte der Handlung aufgegeben hat, immer zufrieden und von nichts abhängig, handelt nicht, obwohl er tätig ist.

21. Frei von Begierde [Wünsche] und selbstbeherrscht in seinem Verstand und Körper, hat er alle Habgier aufgegeben und ist nur körperlich tätig. So sündigt er nicht.

22. Zufrieden mit dem, was er ohne Aufwand erhält, frei von Gegensätze und Neid, gelassen im Erfolg und Misserfolg, handelt er, obwohl er nicht gebunden ist.

23. Für den Menschen, der ohne Anhaftung und befreit ist, dessen Verstand in der Erkenntnis ruht, und der um des Opfers [als Yajna daher im Sinne von Gott] willen handelt, schwindet alles Karma.

24. Brahman ist die Opfergabe; Brahman ist die geschmolzene Butter [Ghee]; durch Brahman wird die Opfergabe ins Feuer Brahmans gegossen; Brahman wird wahrlich von dem erlangt, der zu jeder Zeit Brahman im Handeln erkennt.

25. Andere Yogis bringen nur den Devas [den Göttern] Opfer; wohingegen andere [jene die Atman erkannt haben] allein das Selbst durch das Selbst im Feuer Brahmans opfern.

26. Manche wiederum opfern das Hörorgan und andere Sinne im Feuer der Beherrschung; andere opfern den Klang und andere Sinnesobjekte im Feuer der Sinne.

27. Und andere opfern alle Funktionen der Sinne und die Funktionen der Vitalität [Pranas] im Feuer des Yoga der Selbstbeherrschung, das durch Erkenntnis entfacht wurde.

28. Andere wiederum opfern Reichtum [materiell], Askese [körperlich] und Yoga [mental], während die selbstbeherrschten Asketen, die schwere Gelübde ablegen, das Studium der Schriften der Erkenntnis opfern [das höchste Opfer].

29. Manche opfern den ausströmenden Atem [Prana] im einströmenden [Apana] und den einströmenden im ausströmenden, durch Beherrschung des aus- und des einströmenden Atems gehen sie in der Beherrschung des Atems auf.

30. Andere, die ihre Ernährung kontrollieren, opfern den vitalen Atem im vitalen Atem. Sie alle haben Kenntnis des Opfers und ihre Sünden werden durch das Opfer zerstört.

Kommentar: Kreislauf der zwölf Yajnas: Einfluss der Welt ➔ Wahrnehmung ➔ Zurückhaltung ➔ Yoga der Selbstbeherrschung ➔ Reichtum [Spenden] ➔ Entsagung ➔ Yoga Praktiken ➔ Studium der Schriften ➔ Kontrolle der Pranas ➔ Vitalität ➔ externe Aktivität ➔ Reaktion der Welt.

31. Wer die nektargleichen Reste der Opfer verzehrt [Kreislauf der zwölf Yajnas], wird zum ewigen Brahman. Diese Welt ist nicht für den Menschen, der keine Opfer bringt; wie kann er dann die anderen erlangen [Selbsterkenntnis], O Arjuna?

32. So werden vielfältige Opfer im Mund von Brahman verbreitet. Wisse, dass sie alle aus Handlung geboren sind, und da du dies weißt, wirst du befreit werden.

33. Das Weisheitsopfer [Jnana Yajna] ist dem Opfer der materiellen Objekte überlegen, O Parantapa [Peiniger der Feinde]. Alle Handlungen gipfeln in der Selbsterkenntnis.

34. Erkenne dies durch lange Verehrung, Ergründung und Dienen; die Weisen, die die Wahrheit erkannt haben, werden dich in diesem Wissen unterrichten.

35. Wenn du das erkennst, O Arjuna, wirst du nicht mehr verwirrt werden; und durch das wirst du alle Wesen in deinem Selbst und auch in mir sehen.

36. Selbst, wenn du der Sündigste von allen Sündern bist, wirst du wahrlich mit dem Floß der Erkenntnis alle Sünden überqueren.

37. So wie das lodernde Feuer, Holz zu Asche verbrennt, O Arjuna, so verbrennt auch das Feuer der Erkenntnis alle Karmas [vasanas] zu Asche.

38. Wahrlich, es existiert in dieser Welt keine Läuterung, die mit der Selbsterkenntnis vergleichbar ist. Wer im Yoga vollkommen ist, erkennt [findet] das Selbst [Atman] zur rechten Zeit im Inneren.

39. Der gläubige Mensch, der sich dieser Erkenntnis widmet und die Sinne beherrscht, erlangt Selbsterkenntnis. Nachdem er Selbsterkenntnis erlangt hat, erreicht er bald den höchsten Frieden.

40. Der Unwissende, der Ungläubige und der Selbstzweifelnde ist ruiniert. Weder diese Welt, noch die andere, und auch kein Glück [Selbsterkenntnis] gibt es für den Zweifelnden.

41. Ein Mensch, der durch Yoga den Handlungen entsagt hat, dessen Zweifel durch Erkenntnis aufgelöst wurden, und der achtsam bleibt – ihn binden keine Handlungen, O Arjuna.

42. Mit dem Schwert der Selbsterkenntnis [des Atman] zerstöre deine Zweifel, die aus Unwissenheit entstanden sind und in deinem Herzen wohnen, und suche Zuflucht im Yoga. Erhebe dich, O Arjuna!

KAPITEL 5: SAMNYASA YOGA

1. Arjuna sprach: Den Verzicht der Handlung [Jnana Yoga] rühmst du, O Krishna, und dann wieder Yoga [Karma Yoga]. Sage mir endgültig, was von beiden besser ist.

2. Bhagavan Krishna sprach: Entsagung [Jnana Yoga] und Yoga durch Handlung [Karma Yoga] führen beide zur höchsten Glückseligkeit; aber von beiden wird Yoga durch Handlung [Karma Yoga] mehr geschätzt als die Entsagung.

3. Als immerwährender Sannyasi [Entsagter] möge der angesehen werden, der weder hasst noch wünscht; der frei von Gegensätze ist, O mächtig bewaffneter Arjuna, wird leicht von der Knechtschaft [Bindung] befreit.

4. Kinder, nicht Weise sprechen von Wissen [Jnana] und dem Yoga des Handelns [Karma-Yoga] als wären es zwei verschiedene Dinge, etwas voneinander Getrenntes. Wahrlich wer in einem fest verankert ist, erntet die Früchte von beiden [Selbsterkenntnis].

5. Den Ort, den die Jnani Yogis erreichen, erlangen auch die die Karma-Yogis. Derjenige versteht, der Wissen und Handeln als eins erkennt.

6. Entsagung [Jnana Yoga], O Arjuna, ist ohne Karma Yoga schwer zu erreichen; und der Yogi oder der Weise, der durch Yoga Harmonie erreicht hat, wird schneller zu Brahman.

7. Dessen Verstand durch Karma Yoga gereinigt wurde, der selbstbeherrscht ist, seine Sinne gezähmt hat und sein Selbst als das Selbst [Atman] aller Wesen erkennt, wird nicht beeinträchtigt, obwohl er handelt.

8. „Ich tue gar nichts", so denkt ein Mensch, der in Harmonie ist und die Wahrheit kennt, wenn er sieht, hört, fühlt, isst, geht, schläft, atmet,

9. Spricht, geschehen lässt, seufzt, die Augen öffnet und schließt – und davon überzeugt ist, dass sich die Sinne mit den Sinnesobjekten beschäftigen.

10. Wer seine Handlungen Brahman opfert und Anhaftungen [Bindungen] aufgibt, wird von der Sünde nicht berührt, so wie ein Lotusblatt vom Wasser.

11. Mit dem Körper, durch das Denken, durch den Verstand, durch die bloßen Sinne, führen Yogis Handlungen ohne Bindung [ohne Ego] aus, um sich zu reinigen.

12. Wer die Einheit [mit Atman] erkannt hat gelangt zum ewigen Frieden, nachdem er den Früchten des Handelns entsagt hat; nur wer die Einheit nicht erkennt, der angehaftet vom Verlangen Getriebene, ist gebunden.

13. Allen Handlungen im Verstand entsagt und selbstbeherrscht ruht der Verkörperte glücklich in der Stadt der neun Tore, erschafft kein Karma und verursacht auch nicht das Karma anderer.

Kommentar: Neun Tore: zwei Augen, zwei Ohren, zwei Nasenlöcher, Mund, Organ der Fortpflanzung und Entleerung.

14. Das Selbst [Atman] lässt weder Handelnde noch Objekte in der Welt entstehen und auch nicht die Verbindung mit den Früchten der Handlungen. Aber es ist die Natur [Maya], die handelt.

15. Das Höchste [Brahman] übernimmt weder Schuld noch den Verdienst eines Menschen; das Wissen ist durch Unwissenheit umhüllt; dadurch werden die Sterblichen getäuscht.

16. Aber für diejenigen, deren Unwissenheit durch Erkenntnis des Selbst [Atman] zerstört wird, enthüllt das Wissen so wie die Sonne den Höchsten [Brahman].

17. Ihr Verstand ist in ihm [Atman] aufgegangen, sie sind er [Atman] selbst, in ihm [Atman] verankert und haben ihn als höchsten Ziel; so gehen sie dorthin, wo es keine Rückkehr gibt, da ihre Sünden durch Selbsterkenntnis verschwunden sind.

18. Weise sehen keinen Unterschied zwischen einem gelehrten und frommen Brahmanen, einer Kuh, einem Elefanten, einem Hund oder einem Ausgegrenzten.

19. Selbst hier [in dieser Welt] wird die Geburt von denen überwunden, deren Verstand in Gelassenheit ruht; Brahman ist in der Tat makellos und in allen gleich; daher ruhen sie in Brahman.

20. Wer Brahman erkennt, kann sich weder darüber freuen, das Angenehme zu empfangen, noch darüber trauern, das Unangenehme zu erhalten - er ruht in Brahman mit unerschütterlichem und nicht getäuschtem Verstand.

21. Er ist an die Objekte im Äußeren nicht gebunden und findet das Glück im Selbst [Atman]; er versenkt sich in die Meditation über Brahman und erreicht das unendliche Glück.

22. Freuden, die aus Sinneswahrnehmungen stammen, lassen nur Leid entstehen, denn sie haben einen Anfang und ein Ende, O Arjuna: Der Weise findet an ihnen keine Freude.

23. Wer schon hier [in dieser Welt], bevor er Befreiung vom Körper erlangt hat, dem aus Verlangen und Ärger entstandenen Sehnsüchten widerstehen kann – er ist ein Yogi, er ist ein glücklicher Mensch.

24. Wer sein Glück und seine Freuden im Inneren [Atman] findet und wer sein Licht im Inneren trägt, der erlangt die Glückseligkeit von Brahman und wird selbst zu Brahman.

25. Die Weisen erlangen die Glückseligkeit von Brahman - sie, deren Sünden zerstört und Zweifel beseitigt wurden, die sich selbst kontrollieren und auf das Wohlergehen aller Wesen bedacht sind.

26. Absolute Freiheit [die Glückseligkeit von Brahman] erlangen diese selbstbeherrschten Asketen, die frei von Wunsch und Zorn sind, ihre Gedanken kontrollieren und das Selbst [Atman] erkannt haben.

27. Wenn alle äußeren Kontakte [äußere Wahrnehmungen] geschlossen sind, und der Blick zwischen den Augenbrauen konzentriert ist [im Verstand konzentriert], wenn der Atem in den Nasenlöchern ein- und ausströmt,

28. Wenn seine Sinne, sein Denken und sein Verstand beherrscht sind, wenn Selbsterkenntnis sein höchstes Ziel ist, und wenn er frei von Wunsch, Furcht und Zorn ist – wahrlich, dann ist dieser Weise für immer befreit.

29. Wenn er mich erkennt - den Herrn aller Opfer [Yajnas] und Entsagungen, den großen Herrn aller Welten, der Freund aller Wesen - erlangt Frieden.

KAPITEL 6: DHYANA YOGA

1. Bhagavan Krishna sprach: Wer die ihm auferlegte Pflicht erfüllt, ohne an den Früchten seiner Handlungen zu hängen – der ist ein Sannyasi und ein Yogi, nicht der, der ohne Feuer [als verbindliche Aufgabe] und untätig ist.

2. Wisse, O Arjuna, Yoga ist das, was man Entsagung nennt; niemand wird wahrhaft ein Yogi, der den Gedanken nicht entsagen kann.

3. Für den Weisen, der Yoga erreichen möchte, ist Handlung der Weg; für denselben Weisen, der Yoga erreicht hat, ist Nicht-Handlung der Weg.

4. Über einen Menschen, der allen Gedanken entsagt und nicht an Sinnesobjekte oder Handlungen gebunden ist, wird gesagt, er hätte Konzentration [Yoga] erreicht.

5. Der Mensch möge durch das Selbst erhoben werden; und nicht sich selbst erniedrigen; denn allein das Selbst ist sein Freund, und allein das Selbst ist sein Feind.

Kommentar: „Jeder ist ein Architekt seines Glücks oder Unglücks." [Swami Parthasarathy]

6. Das Selbst ist der Freund des Menschen, der sich selbst durch das Selbst erobert hat, für den Menschen jedoch, der sich selbst nicht erobert hat, ist dieses Selbst ebenso ein Feind so wie ein [äußerer] Widersacher.

7. Das höchste Selbst [Atman] des selbstbeherrschten und gelassenen Menschen bleibt unberührt in der Kälte und Hitze [physisch], im Vergnügen und Leid [mental], aber auch in Ehre und Schande [intellektuell].

8. Der Yogi [Jnani], der in der Erkenntnis und der Weisheit des Selbst [Atman] Zufriedenheit findet, der die Sinne gezähmt hat und nicht schwankt - für den ein Klumpen Erde, ein Stein und Gold gleich sind.

9. Wer den Gutherzigen, Freunden, Feinden, Gleichgültigen, Neutralen, Hasserfüllten, Verwandten, Gerechten und Ungerechten mit gleichem Blick betrachtet, ist vortrefflich.

10. Möge der Yogi stets bemüht sein, den Verstand ruhig zu halten; in Einsamkeit, allein, sein Denken und seinen Körper zu beherrschen, frei von Begierde und Besitztümer.

11. An einem sauberen Ort, auf einem festen Sitz, der weder zu hoch noch zu niedrig ist und aus Schichten von Tücher, einer Tierhaut und Kusha Gras besteht,

12. Mit einem einpünktigen Verstand, nachdem er Beherrschung über die Aktivitäten des Verstands und der Sinne erlangt hat, möge er sich auf diesem Sitz niederlassen und Yoga üben, um sich selbst zu reinigen.

13. Er halte seinen Körper unbewegt, ruhig, Kopf und Nacken gerade, den Blick auf die Nasenspitze gerichtet, ohne herum zu sehen.

14. Gelassen, furchtlos, fest im Gelübde eines Brahmachari, mit ruhigem Verstand die Gedanken auf mich gerichtet und ausgeglichen, lasst ihn sitzen und zu mir als den Höchsten aufblicken.

15. Wenn der Yogi seinen Verstand im Gleichgewicht hält und seinen Verstand beherrscht, erreicht er den Frieden, der in mir liegt und durch Selbsterkenntnis [Befreiung] erreicht er das Ziel.

16. Yoga ist nicht möglich für denjenigen, der zu viel isst [physisch, mental und intellektuell], noch für den, der überhaupt nichts isst, noch für den, der zu viel schläft, noch für den, der immer wach ist, O Arjuna.

17. Yoga wird zum Zerstörer des Leidens für denjenigen, dessen Nahrung und Erholung gemäßigt, dessen Anstrengung in den Tätigkeiten gemäßigt und dessen Schlaf und Wachzustand gemäßigt sind.

18. Wenn der vollkommen beherrschte Verstand alleine im Selbst [Atman] ruht und frei vom Verlangen ist, dann heißt es: Er ruht felsenfest [im Selbst].

19. So wie eine Lampe [der Verstand], die an einem windstillen Ort nicht flackert – damit wird der Yogi verglichen, dessen Verstand beherrscht ist, und der im Selbst Konzentration übt.

20. Wenn der Verstand durch Yoga gezähmt und zur Ruhe gekommen ist; wenn er das Selbst durch das Selbst erkennt, ist er in seinem eigenen Selbst [Atman] zufrieden.

21. Wenn der Yogi erkennt, dass die unendliche Freude [keine Emotion, sondern Erkenntnis], die über alle Sinne hinausgeht, von reinem Verstand erfasst werden kann; und wenn er felsenfest in dieser Glückseligkeit verweilt, weicht er niemals von der Wahrheit ab.

22. Wenn er es [Selbsterkenntnis] erlangt hat, denkt er, dass ihm kein anderer Erwerb überlegen ist; wenn er felsenfest darin [Atman] verweilt, wird er nicht einmal von der größten Sorge erschüttert.

23. Möge dieser Zustand den Namen Yoga tragen, ein Zustand frei von Schmerzen [persönliche, familiäre, finanzielle Krisen usw.]. Yoga sollte mit Entschlossenheit und ruhigem Verstand praktiziert werden.

24. Indem er vorbehaltlos alle aus Gedanken entstandenen Wünsche aufgibt und durch den Verstand die Gesamtheit der Sinne von allen Seiten her vollständig einschränkt;

25. erlangt er allmählich Ruhe, nachdem der Verstand zum Stillstand gekommen ist. Wenn der Verstand dazu gebracht wurde, im Selbst zu verweilen, denkt er an nichts [ständiges Gewahrsein des Selbst].

26. Durch welche Ursache auch immer der schwankende und unbeständige Verstand wandert, davon soll er ihn zurückhalten und direkt unter die alleinige Kontrolle des Selbst bringen.

27. Höchste Glückseligkeit erfährt wahrlich der Yogi, dessen Verstand gelassen ist und dessen Verlangen gestillt wurde, frei von Sünden und der mit Brahman eins wurde.

28. So erreicht der von den Sünden befreite Yogi mit Leichtigkeit die unendliche Glückseligkeit, die aus der Berührung mit [dem höchsten] Brahman entsteht.

29. Wenn der Verstand durch Yoga gelassen ist, sieht er das Selbst [Atman] in allen Wesen und alle Wesen im Selbst [Atman]. Er sieht überall dasselbe.

30. Wer mich überall erkennt und alles in mir erkennt, für den verschwinde ich nicht, noch verschwindet er für mich.

31. Der Yogi, der in der Einheit verankert, mich als das in allen innewohnende Wesen verehrt [erkennt], der verweilt in mir ungeachtet seiner Lebensumstände.

32. Wer im Vergleich zu sich selbst überall dasselbe sieht, O Arjuna, sei es Vergnügen oder Leid, der gilt als der höchste Yogi.

Kommentar: Wenn man glücklich ist, egal ob einem Vergnügen oder Leid widerfährt, dann ist es wahre Glückseligkeit. [Swami Parthasarathy]

33. Arjuna sprach: Dieses Yoga der Gelassenheit, dass du lehrst, O Krishna, ich sehe darin keine Beständigkeit aufgrund der Unruhe des Verstands.

34. [Arjuna] Wahrlich der Verstand, O Krishna, ist unruhig, turbulent, stark und eigensinnig, ihn zu kontrollieren erscheint mir ebenso schwierig, wie den Wind zu kontrollieren.

35. Bhagavan Krishna sprach: Zweifellos, O mächtig bewaffneter Arjuna, ist der Verstand schwer zu zügeln und unruhig. Aber durch Übung und durch Gelassenheit kann er gezähmt werden.

36. Ich denke, dass Yoga von dem schwer erreicht werden kann, der sich selbst nicht beherrscht. Der Selbstbeherrschte und Strebende aber kann durch die geeigneten Mittel dahin gelangen.

37. Arjuna sprach: Der Mensch, dem es nicht möglich ist, sich selbst zu beherrschen, obwohl er Glauben besitzt, und dessen Verstand vom Yoga abweicht, welches Ende erwartet ihn, da es ihm nicht gelungen ist, Vollkommenheit im Yoga zu erreichen, O Krishna?

38. Da er von beiden [Karma und Jnana Yoga] gefallen ist, ohne Unterstützung und verwirrt über den Weg zu Brahman, wird er O mächtiger Krishna, nicht so wie ein Teil einer Wolke vergehen?

39. Beseitige du, O Krishna, diesen Zweifel von mir; denn niemand außer dir kann diese Zweifel zerstören.

40. Bhagavan Krishna sprach: O Partha, weder in dieser Welt noch in der nächsten gibt es für ihn Zerstörung; keiner, der Gutes unternimmt, mein Sohn, kommt je zur Trauer.

41. Nachdem er die Welt der Gerechten erlangt und sich dort eine Ewigkeit lang aufgehalten hat, wird derjenige, der im Yoga versagt hat, in einem reinen und wohlhabenden Haus wiedergeboren werden.

42. Oder er wird in einer Familie weiser Yogis geboren; wahrlich, eine solche Geburt ist in dieser Welt schwer zu erreichen.

43. Dort kommt er mit dem Wissen in Berührung, das er sich in seinem früheren Körper angeeignet hat, und strebt mehr als zuvor nach Vollkommenheit, O Arjuna.

44. Durch diese frühere Praxis wird er sogar unwillkürlich weitergetragen. Auch wenn er nur vom Yoga wissen möchte, geht über das Wort [OM] Brahmans hinaus [Selbsterkenntnis].

45. Wahrlich, der Yogi jedoch, der mit Eifer strebt und im Laufe vieler Geburten von Sünden gereinigt und vollkommen wurde, erreicht das höchste Ziel [Selbsterkenntnis].

46. Es heißt, der Yogi stehe über den Asketen und auch über den Menschen der Weisheit [der Schriften] er steht auch über den Menschen der Handlung; deshalb sei ein Yogi, O Arjuna.

47. Und von all den Yogis, die mich voller Glauben verehren und deren inneres Selbst in mir verweilt - ihn betrachte ich als den Gläubigsten.

KAPITEL 7: VIJNANA YOGA

1. Bhagavan Krishna sprach: O Arjuna höre, wie du mich ohne Zweifel vollständig erkennen kannst, indem du den Verstand auf mich richtest, Yoga praktizierst und in mir Zuflucht suchst.

2. Ich werde dir dieses Wissen vollständig erläutern, das mit direkter Verwirklichung verbunden ist und nach dieser Erkenntnis bleibt hier nichts mehr wissen.

3. Unter Tausenden von Menschen strebt vielleicht einer nach Vollkommenheit; selbst unter denen, die danach streben, erkennt vielleicht nur einer mein Wesen.

4. Erde, Wasser, Feuer, Luft, Raum [akasa], Denken [manas] und Verstand [buddhi], Egoismus [ahamkara] - so ist meine Prakriti [maya] achtfach geteilt.

5. Das ist also die niedere Prakriti [Welt], O Arjuna, erkenne, dass sich meine höhere Prakriti [innewohnendes Bewusstsein] davon unterscheidet, wodurch diese Welt erhalten bleibt.

6. Wisse, dass diese beiden Naturen der Mutterschoß aller Wesen sind, daher bin ich Ursprung und Auflösung des gesamten Universums.

7. Es gibt nichts Höheres als mich, O Arjuna, all das ist in mir so wie eine Reihe von Perlen auf einer Schnur gewebt.

Kommentar: Analogie Puppentheater

- Marionetten sehen: die Sicht der meisten Menschen.
- Die Fäden sehen: die Sicht der Wissenschaftler.
- Puppenspieler erkennen: Selbsterkenntnis.

8. Ich bin der Geschmack im Wasser, O Arjuna; Ich bin das Licht in der Sonne und das Mondlicht; Ich bin die Silbe Om in allen Veden, der Klang im Raum und die Zeugungskraft im Mann.

9. Ich bin der angenehme Geruch der Erde und der Glanz im Feuer, die Vitalität in allen Wesen, und Ich bin die Entsagung der Asketen.

10. Erkenne mich, O Arjuna, Ich bin der ewige Samen aller Wesen; Ich bin die Intelligenz der Klugen; die Tapferkeit der Mutigen.

11. In den Starken bin ich die Kraft, frei von Begierde und Anhaftung und in allen Wesen bin ich der Wunsch in Harmonie mit dem Dharma, O Arjuna.

12. Alle Wesen, die aus Sattva oder aus Rajas oder aus Tamas [geformt] sind, entspringen aus mir; dennoch bin ich nicht in ihnen, sie sind in mir.

13. Getäuscht durch die drei Eigenschaften [Gunas] der Natur [Prakriti], erkennt mich die ganze Welt nicht als jenseits der Eigenschaften [Gunas] und unveränderlich.

14. Wahrlich, meine göttliche Illusion [maya], die aus den Gunas besteht, ist schwer zu überwinden. Wer mich allein sucht, überquert diese Illusion.

15. Die Übeltäter und die Getäuschten, die niedrigsten unter den Menschen, suchen mich nicht. Diejenigen, deren Unterscheidungsvermögen durch Täuschung [Maya] zerstört wurde, gehen den Weg der Asuras [Dämonen].

16. Mich verehren vier Arten von tugendhaften Menschen, O Arjuna, die Notleidenden, die nach Wissen [Erkenntnis] suchen, die nach der Freude suchen und die Weisen, O Herr der Bharatas.

17. Von ihnen ist der Weise vortrefflich, der immer unermüdlich und dem Einen ergeben ist; denn ich bin dem Weisen mehr als lieb, und er ist mir lieb.

18. Edel sind sie wahrhaft alle; aber ich betrachte den Weisen als mein Selbst; denn mit beständigen Verstand verweilt er allein in mir, da ich sein höchstes Ziel bin.

19. Am Ende vieler Geburten gelangt der Weise zu mir und erkennt, dass Vasudeva [Atman] alles ist; solch eine große Seele ist sehr selten zu finden.

Kommentar: Vier Arten der Entwicklung

Körperliche Entwicklung: kürzeste Zeit, z. B. Fitness.
Emotionale Entwicklung: längere Zeit, z. B. Beziehung.
Intellektuelle Entwicklung: erheblich längere Zeit, z. B. Schulbildung.
Spirituelle Entwicklung bis zur Selbsterkenntnis: längste Zeit.

20. Menschen, die ihre Weisheit durch diesen oder jenen Wunsch verloren haben, greifen auf andere Götter zurück, die sich in diesem oder jenem Ritual engagieren und durch ihre eigene Natur [vasanas] eingeschränkt sind.

21. In welcher Form auch immer ein gläubiger [Shraddha] Anbeter sucht, allein in dieser Form mache ich seinen Glauben unerschütterlich.

22. In diesem Glauben [Shraddha] widmet er sich der Verehrung jener Form; von da an erhält er seine Wünsche, die in der Tat von mir geweiht sind.

23. Wahrlich, dieses Ergebnis ist endlich, das den Menschen mit einem einfachen Verstand gegeben wird. Die Verehrer der Götter [Devatas] gehen zu den Göttern [Devatas]; wer aber mich verehrt, kommt zu mir.

24. Die Törichten meinen, ich, das Nicht-Manifestierte, hätte Erscheinungsformen, da sie mein höheres unveränderliches und überaus erhabenes Wesen nicht erkennen.

25. Verhüllt durch Maya, bin ich nicht für alle sichtbar [so wie ich wirklich bin]. Diese getäuschte Welt erkennt mich nicht, das Ungeborene und Unvergängliche.

Kommentar: Das ganze Universum, alle individuellen Seelen sind Maya und Maya ist Isvara [Saguna Brahman] und Isvara ist Brahman. Daher ist alles Brahman.

26. Ich, O Arjuna, kenne die Wesen aus der Vergangenheit, Gegenwart und Zukunft. Niemand aber kennt mich.

27. Durch die Täuschung der Gegensätze, die O Bharata aus Wunsch und Abneigung entstehen, werden alle Wesen schon bei der Geburt von dieser Illusion abhängig.

28. Menschen jedoch, die tugendhaft handeln, deren Sünden [vasanas] ein Ende gefunden haben und die von der Täuschung der Gegensätze frei sind, verehren mich und halten ihre Gelübde.

29. Menschen, die nach der Befreiung von Alter und Tod streben und bei mir Zuflucht suchen, erkennen vollständig Brahman, das gesamte Wissen vom Selbst [Adhyatma] und von allem Handeln.

30. Diejenigen, die mich als Adhibhuta [physisches Universum], Adhidaiva [kosmische Intelligenz im Mikro und Makrokosmos] und Adhiyajna [der Beobachter aller Handlungen und der Opfer] realisieren, erkennen mich auch in der Stunde des Todes mit einem unerschütterlichen Verstand.

KAPITEL 8: ABHYASA YOGA

1-2 Arjuna sprach: Was ist Brahman? Was ist Adhyatma [Atman]? Was ist Karma [Handlung], O Höchster unter den Menschen? Und was Adhibhuta [physisches Universum]? Und was soll Adhidaiva [kosmische Intelligenz] sein? Und wie oder wer ist Adhiyajna [der Beobachter aller Handlungen und Riten] hier in diesem Körper, O Krishna [Madhusudana], und wie erkennt dich der Selbstbeherrschte in der Stunde seines Todes?

3. Bhagavan Krishna sprach: Brahman ist das Unvergängliche, das Höchste; Brahman der in jedem Körper wohnt, wird Adhyatma [individuelle Seele] genannt. Das Opfer, das den Ursprung der physischen Wesen verursacht, wird Karma [Handlung] genannt.

4. Adhibhuta ist das physische Universum die vergängliche Existenz und Adhidaiva [kosmische Intelligenz] ist der Purusha, die Allseele. Ich allein bin Adhiyajna [der Beobachter aller Handlungen und der Opfer] hier in diesem Körper, O Bester unter den Verkörperten.

Kommentar: Adhiyajna vereinigt alle drei - Adibhuta, Adidaiva und Adhyatma.

5. Und jeder, der zum Zeitpunkt des Todes an mich alleine denkt, gelangt zu meinem Wesen: Darüber besteht kein Zweifel.

6. Von dem, was der Mensch am Ende denkt, gelangt allein zu diesem Wesen, O Arjuna, durch sein beständiges Denken an dieses Wesen.

7. Darum denke ständig nur an mich und kämpfe; wenn dein Denken und Verstand auf mich gerichtet ist, wirst du zweifellos allein zu mir gelangen.

8. Wenn sich der Verstand nicht anderen Dingen zuwendet, wenn er durch die ständige Praxis der Meditation konstant wurde und man weiterhin meditiert, gelangt man zum höchsten Wesen [Purusha], dem Strahlenden, O Sohn von Pritha.

9-10 Wer zur Stunde des Todes einen unerschütterlichen Verstand besitzt, wer voller Hingabe ist, wer mithilfe der gesamten Yogakraft den gesamten vitalen Atem [Prana] zwischen den Augenbrauen festhält und über den Allwissenden meditiert, der ohne Anfang und Ende ist, den Herrn der ganzen Welt [Saguna Brahman], der kleiner als ein Atom ist, der alles erhellt, dessen Gestalt nicht wahrnehmbar ist, der so wie die Sonne strahlt und Jenseits der Dunkelheit [maya] ist, erreicht dieses strahlende höchste Wesen.

11. Das, was die Kenner der Veden das Unvergängliche nennen, das, was die Selbstbeherrschten [Asketen und Sannyasi] und die Leidenschaftslosen betreten, und das, wofür Menschen, die es ersehnen, im Zölibat leben – dieses Ziel werde ich dir kurz erläutern.

12-13 Nachdem er alle Tore [physisch daher die fünf Sinne] verriegelt und den Verstand im Herzen [mental] eingeschlossen hat, nachdem er den vitalen Atem [Prana] im Kopf fixiert hat [intellektuell daher Gedanken kontrolliert] und sich in der Yogapraxis engagiert, wenn der Sterbende das einsilbige Om – das Brahman bezeichnet - spricht und beim Verlassen des Körpers an mich denkt, erreicht das höchste Ziel [Brahmaloka].

14. Ich bin für diesen stets zielbewussten Yogi leicht zu erreichen, der ständig und täglich [mit aufrichtigem und einpünktigen Verstand] an nichts anderes als mich denkt, O Arjuna.

15. Wenn diese großen Seelen zu mir gelangt sind, werden sie [hier] nicht mehr wiedergeboren das schmerzlich und vergänglich ist; sie haben höchste Vollkommenheit und Selbsterkenntnis erlangt.

16. Alle Welten, einschließlich der Welt von Brahma [Brahmaloka], sind der Wiederkehr unterworfen, O Arjuna; aber wenn du mich erreichst, o Sohn von Kunti, gibt es keine Wiedergeburt.

17. Die Menschen, die den Tag Brahmas kennen, der tausend Yugas dauert und die Nacht, die ebenfalls tausend Yugas währt, kennen Tag und Nacht.

Kommentar:

Jedes Universum ist von sieben Schichten bedeckt - Erde, Wasser, Feuer, Luft, Himmel, die Gesamtenergie und das falsche Ego - jeweils zehn Mal größer als das vorherige. Es gibt unzählige Universen neben diesem, und obwohl sie unbegrenzt groß sind, bewegen sie sich so wie Atome in Dir. Deshalb wirst du unbegrenzt genannt [Bhagavata Purana 6.16.37].

„und entwickelte sich so aus den fünffach klassifizierten physischen Elementen, den vielen Myriaden Brahmandas [Universen]." [Paingala Upanishade]

18. Bei Anbruch des Tages entsteht aus dem Nichtmanifestierten [Pralaya] das Manifestierte [das Universum]; wahrlich, sie lösen sich bei Anbruch der „Nacht" in das auf, was das Nicht-Manifestierte genannt wird.

19. Dieselbe Vielzahl von Wesen wird wieder und wieder geboren und hilflos bei Anbruch der Nacht erneut in das Nicht-Manifestierte aufgelöst, O Arjuna, und bei Tagesanbruch manifestieren sie sich wieder.

20. Doch wahrlich, gibt es etwas, das höher ist als dieses Nichtmanifestierte [maya], ein anderes nichtmanifestiertes ewiges Wesen [Brahman], das nicht zerstört wird, wenn alle Wesen zerstört werden.

21. Das Nichtmanifestierte wird das Unvergängliche genannt, das gilt als das höchste Ziel [Brahman]. Wer es erreicht, kehrt nicht wieder zurück. Es ist mein höchster Wohnsitz.

22. Dieser höchste Purusha [Brahman], O Arjuna, in dem alle Wesen verweilen, von dem all dies durchdrungen ist, kann durch unerschütterliche Hingabe an ihn erreicht werden.

23. Ich werde dir nun die Zeit sagen, O Anführer der Bharatas, in dem die Yogis niemals zurückkehren, auch die Zeit, in der sie zurückkehren [wiedergeboren].

24. Feuer, Licht, Tageslicht, die helle Seite des zunehmenden Mondes, die sechs Monate des nördlichen Weges der Sonne – wenn Menschen dann [zu dieser Zeit] den Körper verlassen und Brahman [Saguna Brahman] erkennen, gehen sie zu Brahman [Brahmaloka].

25. Wenn er das Mondlicht durch Rauch, die Nacht, auch durch die Zeit des abnehmenden Mondes und die sechs Monate des südlichen Weges der Sonne erreicht, kehrt der Yogi zurück.

26. Diese hellen und dunklen Wege der Welt werden wahrlich als ewig angesehen; wenn der Mensch den einen [den hellen Weg] geht, kehrt er nicht zurück, beim anderen [dunklen Weg] kehrt er zurück.

Kommentar: Beide Wege sind ewig, weil Samsara ewig ist, außer für jene die Selbsterkenntnis erreicht haben.

27. Kein Yogi wird getäuscht, der beide Wege kennt; deshalb O Arjuna, sei zu jeder Zeit im Yoga unbeirrt.

28. Welche Frucht der Verdienste auch immer aus den Veden, der Opfer, der Entsagung und der Gaben entstehen wird - der Yogi, der das weiß geht darüber hinaus und er gelangt zum höchsten ursprünglichen Wohnsitz.

KAPITEL 9: KÖNIGLICHES WISSEN UND KÖNIGLICHES GEHEIMNIS

1. Bhagavan Krishna sprach: Nun werde ich dir O Arjuna, da du nicht kritisierst, das höchste Geheimnis darlegen, die Erkenntnis gepaart mit Erfahrung [Selbsterkenntnis]. Wenn du das erkannt hast, wirst du vom Übel befreit sein.

2. Das ist die königliche Wissenschaft, das königliche Geheimnis und die höchste Läuterung, die durch direkte, intuitive Erfahrung zu verwirklichen, dem Dharma nicht entgegengesetzt, leicht durchführbar [mit einem qualifizierten Lehrer], und unvergänglich ist.

3. Menschen, die nicht an dieses Dharma [Selbsterkenntnis] glauben, O Arjuna, bleiben wahrlich auf dem Weg der sterblichen Welt, ohne mich zu erreichen.

4. Von mir ist die ganze Welt durchdrungen, meine Gestalt nicht manifestiert. Alle Wesen wohnen in mir und ich wohne nicht in ihnen.

5. In mir [Nicht-Dualität Brahmans] existiert [in Wahrheit] auch kein Wesen; das ist mein göttliches Geheimnis; ich unterstütze alle Wesen, weile jedoch nicht in ihnen, und mein Selbst ist die Ursache der Wesen.

6. So wie der mächtige Wind, der sich überall bewegt und doch stets im Raum [Akasa] ruht, so wisse, dass ebenso alle Wesen in mir ruhen.

7. Alle Wesen O Arjuna, kehren am Ende eines Kalpa in meine Natur [Prakriti, Maya] zurück; zu Beginn des nächsten Kalpa lasse ich sie wieder erscheinen.

8. Indem ich meine Natur [Prakriti, Maya] mit Leben erfülle, bringe ich immer wieder diese Vielzahl hilfloser Wesen unter der Kontrolle der Prakriti [Maya] hervor.

9. Diese Handlungen binden mich nicht, O Arjuna, da ich an diesen Handlungen unbeteiligt und ungebunden bleibe.

10. Unter meiner Anleitung erschafft die Natur [Prakriti, Maya] das Bewegte und das Unbewegte; deshalb, O Arjuna [Sohn von Kunti], dreht sich die Welt.

11. Törichte Menschen missachten mich in menschlicher Gestalt, und erkennen meine höhere Natur als den höchsten Herrn aller Wesen nicht.

12. Ihre Hoffnungen [Begierden] sind vergeblich, ihre Handlungen [selbstsüchtige Riten] vergeblich, ihr Wissen [weltliches Wissen] ist vergeblich und sie sind wahrlich von der trügerischen Natur der Dämonen [grausam] und gottlosen Wesen [Verlangen und Stolz] besessen.

13. Die großen Seelen [Mahatmas] jedoch, O Arjuna, die an meiner göttlichen Natur teilhaben [Glaube und Selbstbeherrschung], verehren mich mit einem einpünktigen

Verstand und erkennen mich als den unvergänglichen Ursprung der Wesen.

14. Sie lobpreisen mich zu jeder Zeit, streben, sind beständig in ihren Gelübden, verneigen sich vor mir und verehren mich stets mit unerschütterlicher Hingabe.

15. Andere bringen auch das Weisheitsopfer dar und verehren mich, den Allgesichtigen, als das Eine [Nicht-dualistische Sicht], das Andere [dualistische Sicht] und das Vielfältige [Brahma, Sonne usw.].

16. Ich bin Kratu [Riten]; Ich bin Yajna [Verehrung]; Ich bin die Opfergabe für die Ahnen; Ich bin das Getreide; Ich bin das Mantra; Ich bin auch die geschmolzene Butter; Ich bin das Feuer und Ich bin die Opfergabe.

17. Ich bin der Vater [wirksame Ursache] dieser Welt und auch die Mutter [materielle Ursache]. Ich bin der Spender der Früchte aller Handlungen, und auch der Großvater [absolutes Bewusstsein]; Ich bin der Wissende, der Reinigende, die Silbe „Om" und auch der Rig, Saman und Yajur Veda.

Kommentar: Atharva Veda wurde später zusammengestellt, daher wurde es nicht erwähnt.

18. Ich bin das Ziel, der Erhalter, der Herrscher, der Zeuge, der Wohnsitz, die Zuflucht, der Freund, der Ursprung, die Auflösung, die Essenz des Universums, die Schatzkammer und der unvergängliche Samen.

19. Als Sonne spende ich Wärme; Ich halte den Regen zurück und lasse ihn fallen; Ich bin die Unsterblichkeit ebenso der Tod, Sein [manifestiert] und Nicht-Sein [nicht manifestiert], O Arjuna.

20. Menschen, die die drei Veden kennen, die Soma-Trinker, die von der Sünde gereinigt wurden und mich durch Opfer [Riten] verehren, beten für das Ziel des Himmels; sie erreichen die heilige Welt des Herrn und der Götter und genießen im Himmel die himmlischen Freuden der Götter.

Kommentar: Drei Kategorien von Aktivitäten:

- Selbstsüchtig [Papa] = Hölle.
- Hilfsbereit im Sinne der Gemeinschaft [Punya] = Himmel.
- Selbstlos [Moksha] = Selbsterkenntnis.

21. Sie treten, nachdem sie den mächtigen Himmel genossen haben, in die Welt der Sterblichen ein, wenn ihr Verdienst [Punya] erschöpft ist; da sie an den Vorschriften der drei Veden festhalten, die Objekte der Wünsche begehren, unterliegen sie der Geburt und Wiedergeburt.

22. Menschen, die nur mich allein verehren, die über mich als ihre Identität meditieren und mir ergeben sind, denjenigen gebe ich mit Sicherheit das, was sie noch nicht haben und bewahre ihnen, was sie bereits besitzen.

Kommentar: Dieser Vers ist die Formel der Bhagavad Gita, das geometrische Zentrum [Swami Parthasarathy].

Vergleich: „Euch aber muss es zuerst um sein Reich und um seine Gerechtigkeit gehen; dann wird euch alles andere dazugegeben." [Mt 6,33]

23. Sogar die frommen Menschen, die andere Devas [Götter] verehren, verehren allein Mich, O Arjuna [Sohn von Kunti], aber auf die falsche Weise [suchen keine Selbsterkenntnis].

24. Denn ich allein bin wahrlich der Genießer und der Herr aller Opfer [Riten]. Aber in Wahrheit erkennen sie mich nicht; deshalb scheitern sie.

25. Wer die Devas [Götter bzw. fünf Sinne] verehrt geht zu den Devas, wer die Vorfahren verehrt geht zu den Vorfahren, wer die Elemente [Wissenschaftler] verehrt geht zu den Elementen. Aber wer mich verehrt, kommt zu mir.

26. Wer mir mit Hingabe [Bhakti] ein Blatt [Patram], eine Blume [Pushpam], eine Frucht [Phalam] oder ein wenig Wasser [Toyam] anbietet, diese fromme und mit reinem Herz gegebene Opfergabe nehme ich an.

27. Was immer du tust, was immer du isst, was immer du opferst, was immer du gibst, in welcher Askese du dich engagierst, führe es für mich als Opfer aus.

28. So wirst du aus den Fesseln des Karmas befreit werden, die Gutes und Böses bewirken. Dein Verstand wird im Yoga der Entsagung [Kombination aus Jnana und Karma Yoga] verankert sein und du wirst befreit werden und zu mir kommen [Selbsterkenntnis].

29. Ich bin allen Wesen gegenüber gleich; niemand hasse oder liebe ich; aber wer mich mit Hingabe verehrt, der ist in mir, und ich bin auch in ihnen.

Kommentar: Vergleich: „Weiter sage ich euch: Was auch immer zwei von euch auf Erden einmütig erbitten, werden sie von meinem himmlischen Vater erhalten. Denn wo zwei oder drei in meinem Namen versammelt sind, da bin ich mitten unter ihnen." [Mt 18,19-20]

30. Selbst wenn ein Mensch der größte Sünder ist, wenn er mich mit uneingeschränkter Hingabe verehrt, muss er als rechtschaffen angesehen werden, denn er hat richtig entschieden.

Kommentar: Vergleich: „Richtet nicht, damit ihr nicht gerichtet werdet. Denn wie ihr richtet, werdet ihr gerichtet werden; und mit welchem Maß ihr messt, wird euch zugemessen werden." [Mt, 7,1-2]

31. Bald wird er rechtschaffen und erlangt ewigen Frieden. O Arjuna [Sohn von Kunti], verkünde das mein [Atman] Verehrer niemals zugrunde geht.

32. Wenn sie bei mir Zuflucht suchen, O Arjuna [Partha] werden auch jene, die durch schlechtes Karma geboren wurden – Frauen [symbolisch Emotionen], Vaishyas [symbolisch Anhaftung] und auch Shudras [symbolisch besitzergreifend] – das höchste Ziel erreichen.

33. Um wie viel mehr trifft das für Brahmanen und hingebungsvolle königliche Heilige [Schüler deren Grundbedürfnisse gedeckt sind] zu [das höchste Ziel zu erreichen]!; nachdem du in diese vergängliche, freudlose Welt gekommen bist, verehre mich.

34. Fokussiere deinen Verstand [mental] auf mich, sei mir ergeben [physisch], opfere mir, verneige dich [das Ego] vor mir. Wenn du dich selbst diszipliniert hast und ich dein höchstes Ziel bin, wirst du zu mir kommen.

1. Bhagavan Krishna sprach: Wiederum, O mächtig bewaffneter Arjuna, höre meine erhabenen Worte, die ich dir aus Liebe verkünden werde, damit es dir wohlergehe.

2. Weder die Heerscharen der Götter noch die großen Rishis [Weise] kennen meinen Ursprung; denn ich bin der Ursprung aller Götter und der großen Rishis.

3. Der Mensch, der mich als ungeboren, ohne Anfang und großen Herrn der Welten erkennt, ist unter Sterblichen nicht getäuscht und von allen Sünden befreit.

4-5 Intelligenz, Weisheit, Unterscheidung, Geduld, Wahrheit, Selbstbeherrschung, Ruhe, Vergnügen, Leid, Geburt, Tod, Angst und Furchtlosigkeit; Unschuld, Gelassenheit, Zufriedenheit, Askese, Wohltätigkeit, Ruhm, Scham, diese verschiedenen Arten von Wesen entspringen [aufgrund des Karmas] allein aus mir.

6. Die sieben großen Weisen [Rishis] so wie die vier alten Manus, die mit meiner Kraft ausgestattet und aus meinem Verstand geboren wurden; aus ihnen sind alle Geschöpfe in dieser Welt entstanden.

7. Wer in Wahrheit diese Herrlichkeit [Unendlichkeit] meines Wesens und meine Kraft [Allwissenheit] erkennt, ist mit unerschütterlichem Yoga [Selbsterkenntnis] ausgestattet; daran besteht kein Zweifel.

8. Ich bin der Ursprung von allem; aus mir entwickelt sich alles; in diesem Wissen verehren mich die Weisen in Meditation.

9. Ihr Verstand auf mich gerichtet und ihr Leben [Prana und Sinne] in mir verankert, erleuchten sie einander, sprechen immer von mir und sind zufrieden und froh.

10. Jene Menschen, die immer beständig sind und mich liebevoll verehren, gewähre ich den Yoga der Unterscheidungskraft, durch den sie zu mir kommen [Selbsterkenntnis].

11. Für jene, aus reiner Barmherzigkeit verweile ich in ihrem Selbst, zerstöre die aus Unwissenheit geborene Dunkelheit durch die leuchtende Lampe [Unterscheidungskraft] der Weisheit.

12-13 Arjuna sprach: Du bist der höchste Brahman, der höchste Wohnsitz, das höchste Heilige, ewig, die selbstleuchtende Person, der Erste aller Götter, ungeboren und allgegenwärtig; so haben dich alle Seher beschrieben, wie auch die göttlichen Weisen Narada; Asita, Devala und Vyasa; und nun sagst du mir das gleiche.

14. Ich glaube, dass all das wahr ist, was du zu mir sagst O Krishna. Wahrlich weder die Götter [introvertiert] noch die Dämonen [extrovertiert], O Krishna, kennen deine Manifestation [Herkunft].

Kommentar: Bhagavan hat sechs Tugenden: Herrlichkeit, Tugend, Entsagung, Wohlstand, Weisheit und Leidenschaftslosigkeit.

15. Du selbst kennst dich selbst als das Selbst, O höchstes Wesen, O Ursprung der Wesen, O Herr der Wesen, O Gott der Götter, O Herrscher der Welt.

16. In der Tat erzähle mir ohne Zurückhaltung von deiner göttlichen Herrlichkeit, womit du alle Welten durchdringst und in ihnen verweilst.

17. Wie soll ich dich in fortwährender Meditation erkennen, O Yogi? Über welche Dinge, O gepriesener Herr, soll ich über dich kontemplieren?

18. Sage mir noch einmal im Detail, O Krishna [Janardana], was deine Macht und Herrlichkeit ist, denn es gibt keine Sättigung für mich, wenn ich deine nektargleichen Worte höre.

19. Bhagavan Krishna sprach: Nun werde ich dir von meinen himmlischen Eigenschaften erzählen O Arjuna [O Bester der Kurus], nur von denen, die überragend sind; es gibt keine Grenze in meinem Ausmaß.

20. Ich bin das Selbst in den Herzen aller Wesen, O Arjuna [Gudakesha]; Ich bin der Beginn, die Mitte und auch das Ende aller Wesen.

21. Von den Adityas bin ich Vishnu; von den Strahlen bin ich die strahlende Sonne; Ich bin Marichi von den Maruts; Ich bin der Mond unter den Gestirnen.

22. Von den Veden bin ich der Sama Veda; Ich bin Indra unter den Göttern; unter den Sinnen bin ich der Verstand, ich bin die Intelligenz der Lebewesen.

23. Und von den Rudras bin ich Sankara [nicht Adi Shankara], von den Yakshas und Rakshasas der Herr des Reichtums und von den Vasus bin ich Feuer, von den Bergen bin ich Meru.

24. Von den Priestern, O Arjuna [Partha], bin ich der Oberste, Brihaspati; von den Generälen bin ich Skanda, von den Seen bin ich der Ozean.

25. Von den großen Rishis bin ich Bhrigu [einer der sieben großen Weisen]; von den Wörtern bin ich die eine Silbe „Om"; unter den Riten [Opfer] bin ich Japa [stille Wiederholung], von unbeweglichen Dingen bin ich der Himalaya.

26. Von allen Bäumen bin ich der Asvattha [der heilige Baum aller Bäume] und Narada bin ich unter den göttlichen Rishis, von den Gandharvas [himmlische Musiker] bin ich Chitraratha, von den Vollkommenen bin ich der Weise Kapila.

27. Wisse, unter den Pferden bin ich Uchchais-sravas [königliche Pferd] aus der Unsterblichkeit geboren, unter den erhabenen Elefanten bin ich Airavata [der höchste Elefant] und unter den Menschen bin ich der König.

28. Von den Waffen bin ich der Blitz [die Waffe der Gottheit Indra], von den Kühen bin ich die wunscherfüllende Kuh Kamadhuk, ich bin Kandarpa [Gottheit der Liebe] die Ursache der Nachkommen, von den Schlangen bin ich Vasuki.

29. Ich bin Ananta unter den Schlangen, ich bin Varuna der Wassergötter und ich bin Aryama unter den Ahnen [Pitris], ich bin für alle Yama, die Selbstbeherrschung praktizieren.

30. Ich bin Prahlada unter den Dämonen, vom Maß bin Ich die Zeit; unter den Tieren bin Ich der Löwe; unter den Vögeln bin ich Garuda [Träger von Gott Vishnu].

31. Unter den Läuterungen bin Ich der Wind, Rama bin Ich unter den Kriegern; unter den Fischen bin Ich der Hai; unter den Flüssen bin Ich der Ganges

32. Von den Schöpfungen bin ich der Anfang und die Mitte und auch das Ende, O Arjuna; unter allen Wissenschaften bin ich die Wissenschaft des Selbst [das Fundament aller Wissenschaften], im Streitgespräch bin ich die Vernunft.

Kommentar: Drei Arten von Argumente

Jalpa: Jemand redet Unsinn.
Vitanda: eine allgemeine [destruktive] Kritik.
Vada: eine echte Diskussion mit logischer Gedankenfolge.

33. Von den Buchstaben bin ich der Buchstabe „A". Ich bin Dvandva [Gegensatzpaar] aller Verbindungen; Ich bin wahrlich die unerschöpfliche Zeit; Ich bin der allgesichtige Spender.

34. Und ich bin der allumfassende Tod und ich bin der Wohlstand derer, die wohlhabend sein sollen; unter den weiblichen Vorzügen bin ich Ruhm, Glück, Sprache, Erinnerung, Intelligenz, Beständigkeit und Ausdauer.

35. Von den Samans bin ich auch der Brihat Saman; unter den Versmaßen bin ich das Gayatri; unter den Monaten bin ich Margasirsha; von den Jahreszeiten bin ich die blumige Jahreszeit.

36. Ich bin das Glücksspiel der Betrüger; Ich bin der Glanz der Großartigen; Ich bin der Sieg; Ich bin die Anstrengung; Ich bin die Güte der Guten.

37. Unter den Yadavas [Familie von Krishna] bin ich Vasudeva [Krishna]; unter den Pandavas bin ich Arjuna; unter den Weisen bin ich Vyasa; unter den Sehern bin ich Usanas, der Weise.

38. Unter den Strafenden bin ich das Zepter; unter denen, die den Sieg wünschen, bin ich die Kunst des Staatsmannes; und ich bin auch die Stille unter den Geheimnissen; von der Weisheit bin ich die Erkenntnis.

39. Und der Samen aller Wesen bin ich ebenfalls, O Arjuna; es gibt kein bewegtes oder unbewegtes Wesen, das ohne mich existieren kann.

40. Es gibt kein Ende meiner göttlichen Manifestationen [es gibt unendliche viele Manifestationen], O Arjuna; das ist nur eine kurze Darstellung einiger Besonderheiten meiner göttlichen Manifestationen.

41. Was auch immer für ein glorreiches, wohlhabendes oder mächtiges Wesen existiert, wisse, es ist als Funke meines Glanzes entstanden.

42. Aber was nützt dir das, all diese Einzelheiten zu kennen O Arjuna? Mit einem Fragment von mir erhalte ich das ganze Universum.

KAPITEL 11: DIE UNIVERSELLE FORM

1. Arjuna sprach: Durch deine Barmherzigkeit hast du mir tiefsinnige Wörter über das Selbst [Atman] erzählt, und sie haben meine Täuschung vertrieben.

Kommentar: „Der Herr ist allein der Handelnde, und der Mensch sein Instrument."

2. Über Ursprung und Zerstörung der Wesen habe ich wahrlich im Detail von dir gehört, O lotusäugiger [schöner] Krishna und auch über deine unerschöpfliche Größe.

3. O erhabener Herr, da du dich so beschrieben hast, ist es mein Wunsch, deine göttliche Form [Isvara Form] zu sehen, O höchster Purusha.

Kommentar: Arjuna versucht, Atman objektiv [als Objekt] zu sehen. Das ist Arjunas falsche Denkweise.

4. Wenn du, O Herr, der Ansicht bist, dass es für mich möglich ist, es zu sehen, dann, O Herr der Yogis, zeige mir dein ewiges Selbst.

Kommentar: Fünf göttliche Ausdrücke des Herrn [Saguna Brahman bzw. Isvara]:

Schöpfung [Vikshepa shakti], Erhaltung, Auflösung, Verschleierung [Avarana shakti], Offenbarung.

5. Bhagavan Krishna sprach: Siehe, O Arjuna [Sohn von Partha], meine göttlichen Formen, zu Hunderten und Tausenden, von verschiedenen Arten und von verschiedenen Farben und Formen.

6. Siehe die Adityas, die Vasus, die Rudras, die beiden Asvins und auch die Maruts; siehe viele nie zuvor gesehene Wunder, O Arjuna [Bharata].

7. Nun sieh, O Arjuna das gesamte Universum in meinem Körper, einschließlich des Beweglichen und des Unbeweglichen – und alles, was du außerdem noch zu sehen wünschst [die Zeit usw.].

8. Du bist in der Tat nicht in der Lage, mich [universelle Form] mit deinen physischen Augen allein zu sehen; Ich gebe dir das göttliche Auge; siehe mein herrliches Yoga.

9. Sanjaya sprach: Nach diesen Worten O König zeigte Hari [Krishna] der große Herr des Yoga, Arjuna die höchste Form als Isvara [Saguna Brahman].

10-11 Mit zahlreichen Mündern [Organe der Handlung] und Augen [Sinnesorgane], mit zahlreichen wunderbaren Erscheinungen [Objekte], mit viel göttlichem Schmuck [Gegensätze], mit zahlreichen erhobenen göttlichen Waffen. Mit himmlischen Girlanden und Gewänder, gesalbt mit himmlischen Gerüchen, allwundervoll, strahlend, grenzenlos, und Gesichter auf allen Seiten.

12. Wenn sich jemals die Pracht von tausend Sonnen [Brahman] auf einmal im Himmel präsentieren würde, käme es der Pracht dieses mächtigen Wesens gleich [universelle Form].

13. Dort, im Körper der Gottheit der Götter, sah Arjuna danach das ganze Universum mit seinen vielen Unterteilungen [Götter, himmlische Wesen, Ahnen, Menschen, Tiere, Pflanzen usw.], in einem.

14. Dann verbeugte sich Arjuna vor Gott [universelle Form] voller Staunen und zu Berge stehenden Haaren und sprach mit gefalteten Händen.

15. Arjuna sprach: Ich sehe alle Götter, oh Gott, in deinem Körper, wie auch die Heerscharen verschiedener Klassen von Wesen; Brahma [der Schöpfer] der Herr, sitzt auf dem

Lotussitz und alle Rishis und himmlischen Schlangen [als Urkräfte des Universums].

16. Ich sehe dich von grenzenloser Form auf jeder Seite mit vielen Armen, Mägen, Mündern und Augen; weder dein Ende noch die Mitte noch einen Anfang sehe ich, O Herr des Universums, O universelle Form.

17. Ich sehe dich mit dem Diadem, der Keule und dem Diskus [als Gottheit Vishnu]; einer Fülle von Pracht, die schwer zu erkennen ist, die rings herum wie brennendes Feuer oder die Sonne leuchtet und unermesslich ist.

18. Du bist das Unsterbliche, das höchste Wesen, das es zu erkennen gilt. Du bist die größte Unterstützung dieses Universums; Du bist der unsterbliche Wächter des ewigen Dharma [Alle Gesetze, Naturgesetze], Du bist das ursprüngliche Wesen, so glaube ich.

19. Ich sehe dich ohne Anfang, Mitte oder Ende [allmächtig], unendliche Kraft, mit unendlichen Armen [Allgegenwart]; die Sonne und der Mond sind deine Augen [Allwissenheit], das leuchtende Feuer ist dein Gesicht; Du erhellst das ganze Universum mit deiner Ausstrahlung.

20. Dieser Raum zwischen Himmel und Erde und allen Viertel wird allein von dir gefüllt. O erhabene Seele, die drei Welten erzittern bei deiner wunderbaren und beängstigenden Form.

21. Wahrlich, in dich treten diese Heerscharen der Götter ein; manche preisen dich in Furcht [Unwissende] mit gefalteten Händen; mit den Worten [svasti] „Möge es gut sein", loben dich Gruppen [spirituelle Menschen] von großen Weisen [Rishis] und Siddhas mit wunderbaren Hymnen.

22. Die Rudras, Adityas, Vasus und Sadhyas, Visvas und Asvins, Maruts und Ushmapas [Ahnen]; und viele Gandharvas, Yakshas, Asuras und Siddhas - sie alle schauen dich an und sind erstaunt.

23. Deine unermessliche Gestalt, O mächtiger Herr, mit unzählige Münder und Augen, mit unzählige Arme, Schenkel und Füße, mit unzähligen Bäuchen und mit unzählige schreckliche Stoßzähne, die Welten sind verängstigt und ich ebenfalls.

Kommentar: Die universelle Form des Herrn offenbart Arjuna den schrecklichen sowie schönen Aspekt der Schöpfung. Beide sind notwendig, um das Bild zu vervollständigen. Der Herr manifestiert sich in der relativen Welt durch Gut und Böse, Schmerz und Freude, Leben und Tod und die anderen Gegensätze.

24. Wenn ich dich [deine Form] den Himmel berühren sehe, leuchtend in vielen Farben, mit weit geöffneten Mündern, mit großen feurigen Augen, habe ich Angst im Herzen und finde weder Mut noch Frieden, O Vishnu.

25. Nachdem ich deine Münder mit fürchterlichen Stoßzähnen gesehen habe, so wie das verzehrende Feuer der Zeit [Pralaya] bin ich orientierungslos und finde keinen Frieden. Sei gnädig, O Herr der Götter, O Wohnsitz des Universums!

26-27 Alle Söhne von Dhritarashtra, mit Heerscharen der Könige, Bhisma, Drona und Karna und auch alle besten Krieger auf unserer Seite, betreten rasch deine mit Stoßzähne schrecklichen Münder, furchtbar anzusehen. Manche sind in den Spalten zwischen den Zähnen gefangen und ihre Köpfe werden zu Staub zermalmt.

Kommentar: Das unerbittliche Gesetz des Kosmos [Gesetz des Karmas], das von Gott ausgeht, wird all dies erreichen und Arjuna lediglich als Instrument benutzen.

28. Wahrlich, so wie viele Flüsse direkt ins Meer fließen, so treten auch diese Helden der Welt in deine feurigen Münder ein.

29. So wie Motten rasch in ein loderndes Feuer zur Zerstörung eilen, so eilen auch diese Geschöpfe in deinem Mund zu ihrer Zerstörung.

30. Du leckst deine Lippen und verschlingst auf jeder Seite alle Welten mit deinen feurigen Mündern. Deine feuerroten Strahlen füllen das ganze Universum mit deiner Ausstrahlung und verbrennen es, O Vishnu.

31. Sage mir, wer du bist, der diese furchtbare Form trägt. Ich verbeuge mich vor dir O Gott, sei gnädig. Ich wünsche mir, dich zu erkennen das ursprüngliche Wesen. Ich verstehe deine Absicht nicht.

32. Bhagavan Krishna sprach: Ich bin die mächtige weltzerstörende Zeit, die sich jetzt damit beschäftigt, die Welten zu zerstören. Auch ohne dich wird keiner der Krieger in feindlichen Armeen überleben.

Kommentar: Wir haben einen freien Willen in dem Maß, wie wir uns von unserem wahren Selbst getrennt halten. Es gibt keinen anderen freien Willen außer diesen. [Meher Baba]

33. Darum erhebe dich und erlange Ehre. Besiege die Feinde und genieße die unübertroffene Herrschaft. Durch mich selbst sind sie bereits geschlachtet worden; sei nur ein Instrument, O Arjuna.

Kommentar: Sie haben sich durch ihre eigenen Handlungen [Karma] getötet.

34. Drona und Bhisma, Jayadratha, Karna und andere tapfere Krieger - sie sind schon von mir getötet worden; kämpfe und fürchte dich nicht; du sollst die Feinde besiegen.

35. Sanjaya sprach: Nachdem Arjuna diese Worte von Sri Krishna vernommen hatte, faltete er die Hände, zitternd verneigte er sich und wandte sich wieder mit stotternder Stimme an Krishna, verbeugte sich und war von Furcht überwältigt.

36. Arjuna sprach: Zurecht, O Krishna [Hrishikesa], dass sich die Welt erfreut und dich mit Freuden verherrlicht; Dämonen [Rakshasas] fliehen aus Angst in alle Viertel und alle Heerscharen der Siddhas verneigen sich vor dir.

37. Und warum, O mächtiges Wesen, sollten sie sich nicht vor dir verneigen, da du größer bist [als alles andere], sogar die Ursache des Schöpfers [Brahmas], O unendliches Wesen, O Herr der Götter, O Wohnsitz des Universums; Du bist das Unvergängliche, das Sein, das Nichtsein und das Höchste [jenseits von Sein und Nichtsein].

38. Du bist der Erste der Götter [Schöpfer], die uralte Seele [Purusha]; Du bist der oberste Wohnsitz des ganzen Universums, du bist der Wissende und das was man wissen sollte und der höchste Wohnsitz. Von dir ist die ganze Welt durchdrungen, O Wesen unendlicher Formen.

39. Du bist Vayu, Yama, Agni, Varuna, der Mond, Prajapati [Schöpfer] und der Urgroßvater [Schöpfer von Brahma]. Ich verneige mich, ich verneige mich tausendmal vor dir, und wieder verneige ich mich, verneige mich vor dir.

40. Verneige mich vor dir, verneige mich hinter dir, verneige mich vor dir auf allen Seiten! O Alles! Unendlich in der Macht und unendlich stark, du durchdringst alles und du bist alles.

41-42 Was ich auch immer voreilig gesagt habe, da ich dich nur als meinen menschlichen Freund und Gefährten ansah, wenn ich sagte: O Krishna, O Yadava, O Freund; da ich nichts von deiner Allmacht wusste,

In welcher Weise auch immer ich dich beleidigt haben mag, O Krishna, beim Spielen, in der Ruhe, während wir saßen oder beim Essen oder allein, O ewiger Herr, oder in der Gesellschaft anderer – Ich flehe dich an mir, O Unermesslicher, zu vergeben.

43. Du bist der Vater dieser Welt, des Bewegten und des Unbewegten. Verehrung gebührt dir in dieser Welt, dir, dem größten Guru; [denn] es gibt hier nichts, was dir gleichkäme; wie könnte es daher in den drei Welten etwas geben, das dich übertreffen könnte, O Wesen unvergleichlicher Kraft?

44. Deshalb verneige ich mich, werfe mich vor dir nieder und bitte um deine Vergebung, O anbetungswürdiger Herr. Ertrage mich, O Herr, so wie der Vater [intellektuell] mit seinem Sohn, ein Freund [physisch] seinen [lieben] Freund, der Liebhaber [mental] mit dem Geliebten.

45-46 Es erfüllt mich mit Freude, nachdem ich gesehen habe, was nie zuvor ein Mensch erblickte; aber [noch] mein Verstand ist durch Angst verwirrt. Zeige mir nur die [frühere] Form, O Gott; erbarme dich, O Gott der Götter, O Wohnsitz des Universums.

Mein Wunsch ist es, dich wie zuvor zu sehen, mit deiner Krone, deinem Zepter und deinem Diskus in der Hand [als Gottheit Vishnu]. Nehme wieder deine frühere Form mit vier Armen an, O Tausendarmiger und endloser Formen.

47. Bhagavan Krishna sprach: O Arjuna, durch meine Gnade und durch meine Yogakraft [Maya] habe ich dir diese höchste Form gezeigt; glänzend, universell, unendlich, uranfänglich, noch keiner außer dir hat sie je erblickt.

48. Nicht durch das Studium der Veden und Opfer [yajna], noch durch Gaben, noch durch Riten, noch durch strenge Askese ist diese Form von mir in der Welt der Menschen je gesehen worden außer von dir O Held der Kurus.

49. Fürchte dich nicht und sei nicht verwirrt, wenn du eine so schreckliche Form von mir wie diese siehst; frei von Furcht und fröhlich im Herzen, siehe nun wieder meine frühere Gestalt.

50. Sanjaya sprach: Nachdem er so mit Arjuna gesprochen hatte, zeigte Vasudeva wieder seine eigene Form. Das mächtige Wesen [Krishna] nahm wieder eine liebliche Form an und tröstete Arjuna.

51. Arjuna sprach: Nachdem ich deine liebenswürdige menschliche Gestalt, O Janardana, gesehen habe, fühle ich mich gelassener, bin wieder ich selbst.

52. Bhagavan Krishna sprach: Es ist wahrlich sehr schwierig meine Gestalt zu sehen, die du gesehen hast. Auch die Götter [Devas oder hochentwickelte spirituelle Menschen] sehnen sich beständig danach, diese Form zu sehen.

53. Weder durch die Veden noch durch Askese, nicht durch Gaben, noch durch Opfer [yajna] kann ich in dieser Form gesehen werden, die du [so leicht] wahrgenommen hast.

54. Aber durch die Hingabe an mich allein kann ich in dieser Form erkannt werden, O Arjuna, wahrhaftig erkannt und betreten [Selbsterkenntnis] werden, O Arjuna.

55. Wer für mich arbeitet [physische Ebene], der mich als das höchste Ziel [intellektuelle Ebene] ansieht, der mir ergeben ist [mentale Ebene], der frei von Anhaftungen und ohne Hass auf irgendein Wesen ist [spiritueller Fortschritt], der kommt zu mir, O Arjuna [Pandava].

KAPITEL 12: BHAKTI YOGA

1. Arjuna sprach: Die Gläubigen, die dich immer so verehren [mit Form], oder jene, die das Unvergängliche und Nichtmanifestierte verehren – wer ist im Yoga erfahrener?

2. Bhagavan Krishna sprach: Diejenigen, die ihren Verstand auf mich richten und mich verehren, immer beständig sind und den höchsten Glauben [Shraddha] besitzen, die meiner Meinung nach sind die besten Yogis [Verehrer].

3-4 Diejenigen, die das Unveränderliche, das Unerklärbare, das Unvorstellbare, das Allgegenwärtige und das Undenkbare,

Unbewegte und Ewige verehren, nachdem sie alle Sinne gezähmt haben, stets gelassen und auf das Wohl aller Wesen bedacht sind – erreichen mich selbst.

5. Schwieriger ist es für jene, deren Verstand auf das Nichtmanifestierte gerichtet ist; denn das [eigentliche] Ziel, das Nichtmanifestierte ist für den Verkörperten sehr schwer zu erreichen.

6-7 Aber diejenigen, die mich verehren und allen Handlungen in mir entsagen, die mich als höchstes Ziel betrachten und mit aufrichtigem Yoga über mich meditieren; für diejenigen die ihren Verstand auf mich richten, werde ich bald, O Partha, zum Erlöser aus dem Ozean des sterblichen Samsara.

8. Fokussiere dein Denken [manas] ausschließlich auf mich und lasse deinen Verstand [buddhi] in mir ruhen; dann wirst du ohne Zweifel in mir alleine leben [als mein Selbst].

9. Wenn du nicht in der Lage bist, deinen Verstand ständig auf mich zu richten, dann versuche mich durch das Yoga der ständigen Praxis [mehr Praxis in der Meditation] zu erreichen, O Arjuna [Dhananjaya].

10. Wenn du auch dieses Yoga der ständigen Praxis [mehr Praxis in der Meditation] nicht praktizieren kannst, sei darauf bedacht, um meinetwillen zu handeln; auch durch das Handeln um meinetwillen wirst du Vollkommenheit erlangen.

11. Wenn du auch nicht in der Lage bist, das zu tun, entsage selbstbeherrscht den Früchten aller Handlungen und nimm Zuflucht in mir.

12. In der Tat ist Wissen besser als die Praxis; besser als Wissen ist Meditation; der Verzicht auf die Früchte der

Handlung ist besser als Meditation: Frieden folgt unmittelbar der Entsagung.

35 Eigenschaften eines echten gläubigen Verehrers oder einer spirituellen Person [Verse 13- 19]

13. Wer kein Geschöpf hasst, wer zu allen freundlich und mitfühlend ist, wer von Anhaftung und Egoismus frei ist, im Vergnügen und im Schmerz gelassen und nachsichtig [Vergebung],

Kommentar:
Abwesenheit von Hass gegenüber allen Wesen, Freundlichkeit, Mitgefühl, frei von Anhaftung, frei von Egoismus, Gelassenheit im Vergnügen und im Schmerz, Nachsicht [Vergebung].

14. Wer stets zufrieden ist, beständig in der Meditation, selbstbeherrscht und mit fester Überzeugung [Ziel der Selbsterkenntnis] und dessen Denken und der Verstand auf mich gerichtet sind, wer mir so ergeben ist, ist mir lieb.

Kommentar:

Zufriedenheit [mit dem was man hat], Selbstbeherrschung, feste Überzeugung, dessen Denken und Verstand auf mich gerichtet sind.

Wenn Liebe auf höhere Wesen gerichtet ist z. B. Gott, Guru dann nennt man es Hingabe.

Wenn Liebe auf niedere Objekte z. B. die Welt, Familie, Haustiere usw. gerichtet ist, dann nennt man es Liebe [Swami Parthasarathy].

15. Der von dem die Welt nicht betroffen ist und der nicht von der Welt betroffen ist, der von Freude, Wut, Neid oder Angst frei ist, der ist mir lieb.

Kommentar:

Der von dem die Welt nicht betroffen ist, der nicht von der Welt betroffen ist, frei von Freude, Wut, Neid oder Angst.

16. Wer frei von Wünsche ist, rein und pünktlich, gelassen und ungetrübt, und wer allen Unternehmungen und Absichten entsagt – wer mir so ergeben ist, ist mir lieb.

Kommentar:

Frei von Wünsche, Reinheit [Sauberkeit], pünktlich [achtsam], gelassen, ungetrübt [gegenüber Wünsche aus der Vergangenheit und Erwartungen für die Zukunft, allen Unternehmungen und Absichten entsagt [der Früchte der Unternehmungen].

17. Wer sich weder freut, noch hasst, noch trauert, noch begehrt und auf Gut und Böse verzichtet, der ist mir lieb.

Kommentar:

Wer sich weder freut [im Sinne der Euphorie], noch hasst [Abneigungen], noch trauert [Angst vor der Zukunft], noch begehrt [Verlangen], Verzicht auf Gut und Böse [das Leben so zu akzeptieren wie es ist].

18. Wer gegenüber dem Feind und Freund, der Ehre und Schande gleich ist; wem Kälte und Hitze, Lust und Schmerz gleichbedeutend sind; wer frei von Anhaftungen ist;

Kommentar:

Gleichheit gegenüber Freunden und Feinden, Gleichheit in Ehre und Schande [Bezug auf intellektuelle Unterschiede], Gleichheit in Kälte und Hitze, Lust und Schmerz [mit Bezug auf körperliche Unterschiede], frei von Anhaftungen.

19. Wer bei Lob und Tadel unverändert bleibt, wer still ist, zufrieden mit allem und ohne Heim, beständig und voller Hingabe – dieser Mensch ist mir lieb.

Kommentar:

Wer bei Lob und Tadel unverändert bleibt, wer still ist [gegenüber den Situationen der Welt], Zufriedenheit mit allem [Dankbarkeit für das, was man hat], ohne Heim [nicht obdachlos, sondern mit Bezug auf Leidenschaften], beständig [beständiger Verstand], Hingabe an Gott.

20. Wahrlich, diejenigen die diesem unsterblichen Dharma, wie es oben beschrieben wurde, mit Glauben [Shraddha] und Hingabe folgen und mich als ihr höchstes Ziel betrachten, jene sind mir überaus lieb [die höchsten Bhaktas oder Verehrer].

1. Arjuna sprach: Ich möchte von der Natur [Prakriti, Maya] und vom Bewusstsein [Purusha, Seele] hören, vom Feld [ksetra] und vom Kenner des Feldes [ksetrajna], vom Wissen und von dem zu Wissenden, O Krishna.

Kommentar: In einigen Versionen der Bhagavad Gita wird Vers 1 nicht erwähnt.

Prakriti [Maya]: Objekte, Materie.
Purusha: Bewusstsein oder das Selbst.
Ksetra: das Feld.

- mit Bezug auf das Individuum: der Körper [physisch, subtil, kausal].
- mit Bezug auf den Kosmos: Virat [physisches Universum] Hiranyagarbha [subtil] und Isvara [kausal].

Ksetrajna: Bewusstsein, Atman oder Brahman, der Kenner des Feldes.

- im Individuum: Atman.
- im Kosmos: Brahman.

2. Bhagavan Krishna sprach: Dieser Körper, O Arjuna [Sohn von Kunti], wird als das Feld [Ksetra] bezeichnet; der sich diesem Feld bewusst ist, wird der Kenner des Feldes genannt [Ksetrajna oder Bewusstsein] von denen, die es so beschrieben haben.

Kommentar:

Das Bewusstsein [Brahman oder Atman] beleuchtet Wissen und Unwissenheit [Avidya]. [Swami Parthasarathy]

Daher kann das eine Subjekt, Brahman, im Gegensatz zu allen „Dingen" weder Sat [existent] noch Asat [nicht-existent] sein, weil „Sat" und „Asat" zwei Arten von Gedanken sind und das Selbst [Atman] beide beleuchtet. [Swami Chinmayananda]

3. Wisse auch, dass ich der Kenner des Feldes [Ksetrajna] aller Felder [ksetras] bin, O Arjuna. Das Wissen über Ksetra und Ksetrajna wird von mir als das Wissen angesehen.

4. Nun erfahre von mir in Kürze, was das Feld [Ksetra] ist, seine Eigenschaften und was seine Veränderungen sind, sein Ursprung, und was er [Ksetrajna] ist und was seine Kräfte sind.

5. Weise sangen in vielerlei Hinsicht und in verschiedenen Hymnen über das Absolute [Brahman], mit überlegten überzeugenden Worten.

6. Die großen Elemente, das Ego, der Verstand und auch die nichtmanifestierte Natur [Maya oder Mula Prakriti], die zehn Sinne, das Denken und die fünf Objekte der Sinne,

7. Begierde, Abneigung, Vergnügen, Schmerz, die Gesamtheit des Körpers, Intelligenz, Tapferkeit - so ist das Feld [Ksetra] kurz mit seinen Veränderungen beschrieben worden.

20 Eigenschaften eines Jnani [Verse 8 - 12]

8. Demut, Bescheidenheit, Gewaltlosigkeit, Vergebung, Dienst für den Lehrer, Reinheit, Beständigkeit, Selbstbeherrschung;

9. Gleichgültigkeit gegenüber den Sinnesobjekten, Abwesenheit von Egoismus; Wahrnehmung des Leidens in Geburt, Tod und Verfall, in Krankheit und Schmerz;

10. Ohne Anhaftung, Nichtidentifikation des Selbst mit Sohn, Frau, Heim und dergleichen und ständige Gelassenheit gegenüber dem Wünschenswerten und dem Unerwünschten;

11. Unerschütterliche Hingabe an mich durch das Yoga der Einheit, Verweilen an einsame Orte, Abneigung gegenüber der Gesellschaft der Menschen;

12. Beständigkeit in der spirituellen Erkenntnis [Wissen], Erkenntnis über das Ende des wahren Wissens. Dies wird als Wissen deklariert, und was dagegenspricht, ist Unwissenheit.

13. Ich werde erklären, was es zu erkennen gilt und was zu Unsterblichkeit führt. Der Anfangslose, ist der höchste Brahman, der weder Sein [Sat] noch Nicht-Sein [Asat] genannt wird.

14. Mit Hände und Füße, mit Augen, Köpfe und Münder überall und mit Ohren überall ist es in der Welt und durchdringt alles.

15. Leuchtend durch die Funktionen aller Sinne und doch ohne Sinne; ungebunden und doch erhält es alles. Ohne Eigenschaften [Gunas] und doch der sich an ihnen erfreut [durch den Jiva].

16. Es ist außerhalb und innerhalb aller Wesen [Mikrokosmos und Makrokosmos], das Bewegliche und Unbewegliche

[Upadhis]; aufgrund der Subtilität nicht zu erkennen; weit entfernt und doch sehr nah.

17. Es ist unteilbar und doch ist es scheinbar auf die Wesen verteilt; der Wissende Brahman ist der Unterstützer aller Wesen; und auch ihr Verzehrer [Pralaya] und Schöpfer.

18. Von ihm, dem Licht der Lichter, wird gesagt, es liege jenseits der Dunkelheit [avidya]; das Wissen, das zu Wissende und das Ziel des Wissens, das im Herzen aller ist.

19. So wurde das Feld [Ksetra], das Wissen und das zu Wissende [Brahman] kurz dargestellt. Wer an mich glaubt und das versteht, ist für meinen Zustand [Selbsterkenntnis] geeignet.

20. Wisse, dass sowohl Prakriti [Maya] als auch Purusha [Jiva] ohne Anfang sind; und wisse auch, dass alle Veränderungen und Eigenschaften [Gunas] aus der Natur [Prakriti, Maya oder Sakti] geboren wurden.

Kommentar: „Da der Ozean manchmal ruhig und zu anderen Zeiten stürmisch und wütend ist, ist Brahman sowohl inaktiv als auch aktiv. Wenn er frei von Handlungen ist, wird er als Brahman und aktiv als Maya bezeichnet." [Sri Ramakrishna]

21. Es wird gesagt, dass Prakriti die Ursache der Erschaffung des Körpers und der Organe ist und Purusha [als Jiva] die Ursache der Erfahrungen von Vergnügen und Leid.

22. Der Purusha [Jiva] in der Natur [Prakriti, Maya] verkörpert, erfährt die aus der Natur stammenden Eigenschaften [Gunas]; Bindung an die Eigenschaften [Gunas] ist die Ursache für seine Geburt in guten oder schlechten Mutterschößen.

23. Die höchste Seele [Atman] in diesem Körper wird auch der Zeuge, der Gewährende, der Unterstützer, der Erfahrende, der große Herr und das höchste Selbst genannt.

Kommentar:

Zeuge: Beobachter von guten und schlechten Taten.
Gewährende: Das Selbst [Atman] drückt sich als Zustimmung durch die Handlungen des Körpers, der Sinne, des Verstands und der Ruhe aus.
Unterstützer: Das Selbst wird Unterstützer genannt, weil Körper, Sinne, Verstand und der Rest seine Intelligenz reflektieren und so Aktivitäten ausführen, die dem Zweck der individuellen Seele [jiva] dienen.
Genießer: Es ist von der Natur der ewigen Intelligenz. Alle verschiedenen mentalen Zustände, die durch Lust, Schmerz oder Verwirrung charakterisiert sind, werden durch die Intelligenz des Selbst offenbar.
Der große Herr: Eins mit dem Universum und unabhängig von allem.
Höchstes Selbst: Atman.

24. Wer also Purusha [Jiva] und Prakriti [Maya] zusammen mit seinen Eigenschaften [Gunas] erkennt, wird nicht wiedergeboren, unabhängig von der Situation, in der er sich befindet.

25. In der Meditation durch den Verstand erkennen einige das Selbst [Atman] in sich selbst; andere durch das Yoga der Erkenntnis [Jnana Yoga] und andere durch Karma Yoga.

26. Auch andere, die dieses Wissen nicht haben, verehren es, da sie von anderen darüber gehört haben [Bhakti Yoga]; auch sie gehen über den Tod hinaus, da das Gehörte für sie die höchste Zuflucht bedeutet.

27. Wo auch immer ein bewegtes oder unbewegtes Wesen geboren wird, wisse, O Arjuna [Bester der Bharatas], dass dies aus der Vereinigung des Feldes [ksetra] mit dem Kenner des Feldes [ksetrajna] erfolgt.

28. Derjenige der den höchsten Herrn in allen Wesen gleich verweilend erkennt, der Unvergängliche im Vergänglichen - wahrlich er alleine erkennt.

29. Denn wer den Herrn in gleicher Weise überall erkennt, zerstört nicht selbst das Selbst; er erlangt das höchste Ziel.

30. Wer erkennt, dass alle Handlungen allein von der Natur [Prakriti, Maya, Sakti] ausgeführt werden, und das Selbst ohne Handlung ist, wahrlich er alleine erkennt.

Kommentar: Der statische Brahman und die kinetische Sakti sind tatsächlich ein und dasselbe. Das absolute Sat-Chit-Ananda Brahman ist auch die allmächtige, allwissende und glückselige kosmische Mutter. [Sri Ramakrishna]

31. Wenn ein Mensch die ganze Vielfalt der Wesen in dem Einen ruhen sieht und auch erkennt, dass die ganze Evolution aus ihm entstanden ist, dann wird er eins mit Brahman.

32. Ohne Anfang, ohne Eigenschaften [Gunas], dieses höchste unvergängliche Selbst [Brahman] handelt nie, noch wird es durch Handlungen beeinträchtigt, obwohl es im Körper verweilt.

33. So wie der alles durchdringende Raum [Akasa] aufgrund seiner Subtilität nicht verschmutzt wird, wird auch das Selbst [Atman], das überall im Körper verweilt, nicht verschmutzt.

34. So wie die eine Sonne die ganze Welt erhellt, so erhellt auch der Herr des Feldes [das höchste Selbst] das ganze Feld [ksetra], O Arjuna.

35. Menschen, die durch das Auge des Wissens den Unterschied zwischen dem Feld [ksetra] und dem Kenner des Feldes [Ksetrajna] erkennen und auch die Auflösung der Natur [Prakriti, Maya], die Ursache aller Wesen, erreichen den Höchsten.

KAPITEL 14: DIE DREI GUNAS

1. Bhagavan Krishna sprach: Ich werde dir noch einmal das erhabene Wissen erklären. Durch die Erkenntnis [Selbsterkenntnis] des höchsten Wissens haben alle Seher nach diesem Leben die höchste Vollkommenheit erlangt.

2. Jene, die diesem Wissen ergeben waren, haben meine Natur erlangt und werden weder in der Schöpfung geboren noch in der Auflösung zerstört.

3. Mein Schoß ist die große Prakriti [Maya]; darin lege ich den Samen. Daraus, O Arjuna [Bharata], werden alle Wesen geboren.

4. Was auch immer für Formen [Menschen, Tiere, usw.] entstehen, O Arjuna [Sohn von Kunti], in welchem Schoß auch immer ist die Prakriti [Maya] der große Schoß und ich bin der Samen spendende Vater [Isvara].

5. Sattva, Rajas, Tamas - diese Gunas, O mächtig Bewaffneter, geboren von der Prakriti [Maya], binden rasch den unsterblichen Bewohner des Körpers.

6. Von diesen ist Sattva makellos, strahlend und gesund. Es bindet jedoch durch die Anhaftung an Glück und Wissen, O sündloser Arjuna.

7. Wisse das Rajas [Vikshepa Shakti der Maya] von der Natur der Leidenschaft ist, die Ursache von Durst [nach Sinnesfreuden] und der Anhaftung. Es bindet, O Arjuna [Sohn von Kunti], den Verkörperten durch die Verbundenheit mit der Handlung [als „Ich bin der Handelnde"].

8. Wisse das Tamas [Avarana Shakti der Maya] aus Unwissenheit entstanden ist und alle verkörperten Wesen täuscht. O Arjuna [Bharata], rasch bindet es durch Unachtsamkeit, Trägheit und Schlaf.

9. Sattva bindet einen an Glück und Rajas an Handlungen, O Arjuna [Bharata]; während Tamas, das Wissen verschleiert und an die Unachtsamkeit bindet.

10. Sattva behauptet sich selbst, O Arjuna [Bharata], wenn es über Rajas und Tamas herrscht. Rajas behauptet sich selbst, wenn es über Tamas und Sattva herrscht und Tamas, wenn es über Sattva und Rajas herrscht.

11. Wenn in diesem Körper durch alle Tore [alle Sinne, Denken und Verstand] das Licht der Weisheit scheint, dann kann man erkennen, dass Sattva vorherrscht.

12. Gier, Aktivität, Vorhaben, Unruhe, Leidenschaft - diese entstehen, wenn Rajas vorherrschend ist O Arjuna [Herr der Bharatas].

13. Dunkelheit, Unachtsamkeit, Trägheit und Täuschung - diese entstehen, wenn Tamas vorherrschend ist, O Arjuna [Nachkomme von Kuru].

14. Wenn der Verkörperte dem Tod begegnet, während Sattva vorherrscht, gelangt er zu den makellosen Welten [Brahmaloka oder z. B. sattvische Familie] derer, die das Höchste kennen [Verehrung von Brahma oder Hiranyagarbha].

15. Wenn der Verkörperte dem Tod begegnet, während Rajas vorherrscht, wird er unter denen wiedergeboren, die an Handlungen gebunden sind; und wenn der Verkörperte dem Tod begegnet während Tamas vorherrscht, wird er im Schoß der Vernunftlosen wiedergeboren.

16. Die Frucht der guten Handlungen, sagen sie, ist sattvisch und rein; die Frucht von Rajas ist Schmerz; die Frucht von Tamas ist Unwissenheit.

17. Aus Sattva entsteht [relative] Erkenntnis [die zur Selbsterkenntnis führt], und Gier entsteht aus Rajas; Unachtsamkeit, Täuschung und Unwissenheit entstehen aus Tamas.

18. Wer in Sattva verankert ist, bewegt sich nach oben [spirituelle Entwicklung]; die sich in Rajas bewegen befinden sich in der Mitte [drehen sich]; und jene in Tamas, die der Funktion der niedrigsten Guna unterliegen bewegen sich nach unten.

19. Wenn der Sehende keinen anderen Handelnden außer die Gunas sieht und ihn [Atman] erkennt, der höher ist als sie erlangt mein Wesen [Selbsterkenntnis].

20. Wenn der Verkörperte die drei Gunas aus denen der Körper besteht, transzendiert hat, wird er frei von Geburt, Tod, Verfall und Schmerz und erreicht Unsterblichkeit.

21. Arjuna sprach: Was sind die Kennzeichen des Menschen, der die drei Gunas transzendiert hat, O Herr? Wie verhält er sich, und wie geht er über diese drei Gunas hinaus?

22. Bhagavan Krishna sprach: Wenn Licht [Effekt von Sattva], Aktivität [Effekt von Rajas] oder Täuschung [Effekt von Tamas] anwesend sind, hasst er sie nicht, und wenn sie abwesend sind, O Arjuna [Pandava] sehnt er sich nicht danach.

23. Wer wie ein Unbeteiligter sitzt und von den Eigenschaften [Gunas] nicht berührt wird, wer in sich selbst gesammelt ist und nicht schwankt, weil er weiß, dass allein die Eigenschaften [Gunas] aktiv sind.

24-25 Wer im Selbst verweilt, für den Schmerz und Vergnügen gleich sind, für wen ein Klumpen Erde, ein Stein und ein Stück Gold dasselbe bedeuten, wer sich den freundlichen und unfreundlichen Dingen gegenüber gleich verhält, wer ein Mensch der Weisheit ist und wer im Tadel und Lob keinen Unterschied sieht; gleich bleibt in Ehre und Schande, sich gegenüber Freund und Feind gleich verhält und alle Vorhaben aufgibt – von ihm heißt es, er hätte die Eigenschaften [Gunas] transzendiert.

26. Und wer mir mit unerschütterlicher Hingabe dient, geht über die Eigenschaften [Gunas] hinaus und ist geeignet, Brahman zu erkennen.

27. Denn ich [das höchste Selbst] bin der Wohnsitz von Brahman, dem Unsterblichen und Unveränderlichen, dem ewigen Dharma und der absoluten Glückseligkeit.

KAPITEL 15: YOGA DES HÖCHSTEN SELBST

1. Bhagavan Krishna sprach: Sie [die Weisen] sprechen vom unzerstörbaren Feigenbaum [Ashvattha]; seine Wurzeln sind nach oben und seine Zweige nach unten gerichtet und seine Blätter sind die Veden; wer ihn [Brahman] erkennt, kennt die Veden.

Kommentar: Der unzerstörbare Feigenbaum oder der Baum des Samsara.

- Seine Wurzeln nach oben: In einem gewöhnlichen Baum erstreckt sich die Pfahlwurzel abwärts; aber im Ashvattha Baum ist die Wurzel oben. Diese Wurzel ist Isvara [Saguna Brahman], da das unveränderliche Absolute [Nirguna Brahman] jenseits der Kausalität liegt.

- Zweige nach unten gerichtet: Mahat [kosmische Intelligenz], Ahamkara [Ego], die fünf subtilen Elemente [Tanmatras] und andere kosmische Prinzipien sind seine Zweige, die sich nach unten erstrecken.

- Seine Blätter: Die Veden - so wie Blätter einen Baum beschützen, dienen die Veden als Schutz, indem sie Dharma und Adharma mit ihren Ursachen und Früchten formulieren.

2. Nach oben [bis zum Schöpferaspekt Brahma] und nach unten [Welt der Menschen usw.] verzweigen sich die Äste und werden von den Gunas genährt; die Sinneswahrnehmungen sind seine Knospen; und nach unten, in die Welt der Menschen, reichen die [sekundären] Wurzeln [vasanas] und bringen Handlungen hervor.

3-4 Seine Form kann hier nicht als solche wahrgenommen werden [so wie ein Traum], weder sein Ende noch sein Anfang noch seine Existenz: Nachdem dieser fest verwurzelte Feigenbaum mit der Axt der Leidenschaftslosigkeit gefällt wurde, sollte das Ziel angestrebt werden, von dem niemand zurückkehrt. „Ich suche Zuflucht im urzeitlichen Purusha [Brahman], aus dem die ewige Aktivität [phänomenale Welt] fließt."

Kommentar:

Bei Entdeckung macht sich der Dieb auf die Fersen. Ähnlich, wenn man in die Natur von Maya hineinblickt, verschwindet sie. [Sri Ramakrishna]

5. Frei von Stolz und Täuschung, siegreich über das Übel der Anhaftung, stets im Selbst verweilend, nachdem ihre Wünsche vollständig verschwunden und sie frei von Gegensätze so wie Freude und Schmerz sind, erreichen die Nicht-Getäuschten das ewige Ziel.

Kommentar: Die gebundene Seele ist ein Mensch. Die befreite Seele ist Isvara. [Sri Ramakrishna]

6. Dort [Brahman] scheint weder Sonne, noch der Mond, noch das Feuer; wer dorthin gelangt ist, kehrt nicht zurück; es ist mein höchster Wohnsitz.

7. Ein ewiger Teil von mir [Brahman] wurde [scheinbar] eine lebendige Seele [durch Unwissenheit] in der Welt der Jivas und zieht diese fünf Sinne und auch den sechsten, den Verstand, an sich, die in der Natur [Prakriti, Maya] verweilen.

8. Wenn der Herr [Isvara] einen individuellen Körper erhält und wenn er ihn verlässt, nimmt er diesen und geht, so wie der Wind die Düfte von den Blumen überträgt.

9. Er [Atman] präsidiert über das Ohr und das Auge, über die Berührung, den Geschmack und den Geruch, wie auch über den Verstand und nimmt die Sinnesreize wahr.

10. Der Getäuschte erkennt ihn nicht, wenn er den Körper verlässt oder darin verweilt, weil er Sinneswahrnehmungen erfährt oder mit den Gunas verbunden ist; jene Menschen aber, die das Auge der Weisheit [Selbsterkenntnis] besitzen können ihn erkennen.

11. Die Yogis, die [nach Vollkommenheit] streben, nehmen ihn innerlich verweilend wahr; die Undisziplinierten und Unachtsamen erkennen ihn nicht, auch wenn sie danach streben.

12. Das Licht, das in der Sonne wohnt und die ganze Welt erhellt, dass was im Mond und im Feuer ist – wisse, dass dies mein Licht ist.

13. Indem ich die Erde durchdringe, unterstütze ich alle Wesen durch [meine] Energie [von Isvara]; und nachdem ich der wässrige Mond geworden bin, ernähre ich alle Kräuter.

14. Als Vaishvanara Feuer [Hunger] wohne ich im Körper aller Lebewesen und in Verbindung mit Prana und Apana verdaue ich die vierfache Nahrung.

Kommentar: Die vierfache Nahrung: Kauen, Saugen, Lecken, Schlucken.

15. Ich wohne in den Herzen aller; aus mir kommt Erinnerung und Erkenntnis und auch ihr Verlust. Ich alleine bin es, der in allen Veden erkannt wird; Ich bin in der Tat der Schöpfer des Vedanta und auch der Kenner der Veden.

16. Zwei Purushas gibt es in der Welt, den Zerstörbaren [phänomenale Welt] und den Unzerstörbaren [Maya]. Alle Wesen sind der Zerstörbare und der Unveränderliche wird unzerstörbar genannt.

17. Anders jedoch ist der erhabene Purusha [uttamah purusa], der das Höchste Selbst [Atman] genannt wird, der unzerstörbare Herr, der die drei Welten [Wachzustand, Traumzustand, Tiefschlafzustand] erfüllt und sie erhält.

18. Weil ich das Vergängliche [Ashvattha Baum oder Samsara] transzendiere und noch höher bin als das Unvergängliche [der Samen für den Ashvattha Baum oder Maya], bin ich in der Welt und in den Veden als das höchste Selbst „Purushottama", bekannt.

19. Wer mich frei von Täuschung als das höchsten Selbst [Brahman] erkennt - der erkennt alles, O Arjuna [Bharata] und er verehrt mich mit ganzem Herzen.

20. So habe ich dir, O Arjuna [Sündloser] diese höchst umfassende Wissenschaft gelehrt. Wenn man das versteht, wird ein Mensch weise, O Arjuna [Bharata] und erfüllt all seine Pflichten.

Kommentar: „Die Lehren der Gita und das gesamte Vedanta wurden im 15. Kapitel zusammengefasst."

KAPITEL 16: SPIRITUALITÄT UND MATERIALISMUS

26 Eigenschaften einer spirituellen Person [Verse 1 - 3]

1. Bhagavan Krishna sprach: Furchtlosigkeit, Reinheit des Herzens, Standhaftigkeit im Yoga und Wissen; Almosen geben, Selbstbeherrschung, Opfer [Yajna], Studium der Schriften, Askese, Aufrichtigkeit;

2. Gewaltlosigkeit, Ehrlichkeit, Abwesenheit von Wut, Entsagung, Gelassenheit, Abwesenheit von Betrügerei, Mitgefühl gegenüber Lebewesen, Abwesenheit von Habgier, Freundlichkeit, Bescheidenheit, Abwesenheit von Wankelmut;

3. Stärke, Vergebung, seelische Kraft, Reinheit, Abwesenheit von Hass, Abwesenheit von mehr Stolz; diese gehören zu einem, der mit göttlichen Begabungen geboren wurde, O Arjuna [Bharata].

Kommentar: Abwesenheit von mehr Stolz: „mehr", weil man durch die Geburt bereits einen Grundstolz besitzt [Ego] und diesen Grundstolz nicht steigern sollte.

„Niemand ist weise, sondern Gott allein." [Pythagoras]

Sechs Eigenschaften einer materialistischen Person

4. Heuchelei, Überheblichkeit und Eingebildetheit, Zorn und auch Unhöflichkeit und Unwissenheit gehören zu einem Menschen, der in ein dämonisches Erbe geboren wurde, O Arjuna [Partha].

5. Es heißt, die göttliche Natur sei der Befreiung [Selbsterkenntnis] förderlich und die dämonische der Knechtschaft. Sorge dich nicht, O Arjuna [Pandava], du wurdest mit göttlichen Begabungen geboren.

6. Es gibt zwei Arten von Wesen auf dieser Welt, göttliche [spirituelle] und dämonische [materialistische]; die göttlichen wurden ausführlich beschrieben; höre nun von mir, O Arjuna [Partha], über die Dämonischen.

7. Die Dämonischen [Materialisten] wissen nicht, was getan und was unterlassen werden muss; weder Reinheit, noch gutes Verhalten, noch Ehrlichkeit findet sich in ihnen.

8. Sie sagen: Dieses Universum ist ohne Wahrheit, ohne [moralische] Grundlage [Dharma], ohne Gott, geboren aus gegenseitiger Vereinigung, die Lust alleine ist die Ursache; was sonst?

9. Mit dieser Ansicht erheben sich diese zerstörten Seelen des einfachen Intellekts und fanatischem Handeln als die Feinde der Welt, um sie zu zerstören.

10. Gefüllt mit unersättlichen Wünschen, voller Heuchelei, Stolz und Arroganz, mit böse Vorstellungen aufgrund der Täuschung und handeln mit unreinen Vorsätzen.

11. Sie nehmen unermessliche Mühen [Bindung und Erhaltung der gewünschten Objekte] auf sich, die nur mit dem Tod enden, sinnlicher Genuss [Wünsche] ihr höchstes Ziel und sind davon überzeugt, dass das alles ist;

12. Gebunden durch hundert Bänder der Hoffnung und der Lust und dem Zorn ergeben, bemühen sie sich mit ungerechten [unethischen] Mitteln, Reichtum für ihr Sinnvergnügen zu sichern.

Wie sich eine materialistische Person verhält [Verse 13 - 15]

13. Das habe ich heute verdient; diesen Wunsch werde ich mir erfüllen; das gehört mir und dieser Reichtum wird später auch mir gehören.

Kommentar: Mit Bezug auf die physische Ebene.

14. Diesen Feind habe ich geschlagen und ich werde auch noch andere schlagen. Ich bin der Herr. Ich genieße. Ich bin stark und glücklich.

Kommentar: Mit Bezug auf die mentale Ebene.

15. „Ich bin reich und stamme aus vornehmer Familie. Wer gleicht mir? Ich bringe Opfer dar. Ich gebe [Almosen]. Ich werde mich freuen", so getäuscht von der Unwissenheit.

Kommentar: Mit Bezug auf die intellektuelle Ebene.

16. Verwirrt durch viele Fantasien, verstrickt in der Schlinge der Täuschung und der Befriedigung der Lust verfallen, stürzen sie in eine grauenhafte Hölle.

Kommentar: Man legt seinen Finger ins Feuer. Es schmerzt. „Man wird durch seine Sünden [Handlung] bestraft und nicht für seine Sünden [Handlungen]". Die eigenen Handlungen [daher Karma] bestrafen eine Person.

„Denn wie er in seiner Seele berechnend denkt, so ist er." [Bibel, Sprüche 23,7]
„Wer bösgewillten Herzens spricht, wer bösgewillten Herzens wirkt, dem folgt notwendig Leiden nach.
Wer wohlgewillten Herzens spricht, wer wohlgewillten Herzens wirkt, dem folgt notwendig Freude nach."
[Dhammapada 1 - 2]
„Der Geist ist eine Welt für sich, in der die Hölle zum Himmel und der Himmel zur Hölle werden kann." [John Milton]

17. Eingebildet, arrogant, voller Stolz und im Rausch des Reichtums bringen sie Opfer im Namen der Heuchelei, die nicht den Schriften entsprechen.

18. Diese Menschen besessen von Egoismus, Macht und Stolz und auch Lust und Wut, neidisch von Natur aus, hassen mich [Atman] in den Körpern anderer und in ihrem Körper.

19. Diese grausamen Hasser, die Übelsten unter den Menschen, diese Bösewichte stoße ich [Gesetz von Ursache und Wirkung, Karma] immer nur in den Schoß von Dämonen [als Tiere wiedergeboren usw.]

20. Gefallen in dämonische Gebärmütter und von Geburt zu Geburt getäuscht werden sie mich nie erreichen O Arjuna

[Sohn von Kunti], sondern fallen weiter bis zum niedrigsten Zustand [Hölle].

21. Dreifach ist das Tor zu dieser zerstörenden Hölle – Lust [Kama], Zorn [Krodha] und Gier [Lobha]; daher müssen diese drei aufgegeben werden.

Kommentar: Das Verlangen kann nur zu ihm kommen, der seine eigene Unendlichkeit nicht fühlt und sich als begrenztes Ego ausdrückt. [Swami Chinmayananda]

22. Ein Mensch, der von diesen drei Toren zur Finsternis befreit wurde, O Arjuna [Sohn von Kunti], erweist dem Selbst Gutes und erreicht dadurch das höchste Ziel [Selbsterkenntnis].

23. Wer die Gebote der Schriften missachtet und unter dem Impuls des Begehrens handelt, erreicht weder Vollkommenheit [Erfolg], noch Glück [Freude], noch das höchste Ziel [Selbsterkenntnis].

24. Daher müssen die Schriften maßgeblich sein, wenn es zu bestimmen gilt, was zu tun, und was zu unterlassen ist. Nachdem du die Gebote der Schriften gelernt hast, sollst du deine Pflicht in dieser Welt erfüllen.

KAPITEL 17: DER DREIFACHE GLAUBE

1. Arjuna sprach: Von welcher Natur ist die Hingabe der Menschen, die gläubig opfern, ohne die Gebote der Schriften zu beachten, O Krishna? Sind sie sattvisch, rajastisch oder tamastisch?

2. Bhagavan Krishna sprach: Dreifach ist der Glaube [Shraddha], der aus der individuellen Natur des Verkörperten entsteht – sattvisch [rein], rajastisch [leidenschaftlich] oder tamastisch [dunkel]. Darüber höre jetzt.

3. Der Glaube [Shraddha] eines jeden entspricht seiner Natur, O Arjuna [Bharata]. Der Mensch besteht aus seinem Glauben; so wie der Glaube eines Menschen ist, so ist er es auch.

Drei Kategorien des Glaubens [Vers 4]

4. Sattvische Menschen verehren die Devas [„suchen den Frieden"]; rajastische Menschen verehren die Yakshas und die Rakshasas [„suchen das Vergnügen"]; die anderen - tamastische Menschen - verehren Gespenster [preta] und die Scharen der Naturgeister [„sind unwissend"].

5-6 Die Menschen, die im Gegensatz zu den Schriften aufgrund von Arroganz und Stolz gewaltsame Askese vornehmen, die unter dem Zwang ihrer Anhaftung und Leidenschaften stehen, Narren sind sie, die ihre körperliche Organe dadurch quälen und auch mich der im Körper verweilt. Wisse, dass sie dämonisch in ihren Entscheidungen sind.

7. Auch die Nahrung, die jeder schätzt, ist dreifach, wie auch das Opfer [yajna], die Askese und die Gaben. Höre über die Unterschiede zwischen diesen.

8. Nahrung die das Leben, die Vitalität, die Kraft, die Gesundheit, die Freude und die Heiterkeit erhöht, die schmackhaft und wohlriechend, kräftig und angenehm ist, wird von sattvische Menschen bevorzugt.

9. Nahrung, die bitter, sauer, salzig, übermäßig heiß, scharf, trocken und verbrannt ist, wird von rajastische Menschen bevorzugt. Sie verursacht Schmerz, Trauer und Krankheit.

10. Nahrung, die abgestanden, geschmacklos, verdorben, schlecht und unrein ist, wird von tamastische Menschen bevorzugt.

Drei Kategorien der Opfer [Yajnas] [Verse 11 – 13]

11. Das Opfer, das Menschen durchführen, ohne dafür eine Belohnung [Frucht] zu erwarten so wie es in den Schriften vorgeschrieben ist, in der festen Überzeugung das es getan werden muss, ist sattvisch.

12. Aber das Opfer, O Arjuna das im Hinblick auf Belohnung geopfert wird oder um zu prahlen - wisse das dies ein rajastisches Opfer ist.

13. Das Opfer wird als tamastisch betrachtet, das nicht den Anordnungen der Schriften entspricht, wo keine Speisen verteilt werden und das nicht von Mantren, Gaben und Glaube begleitet wird.

14. Verehrung der Götter [höhere Ziele], der Zweimalgeborenen, der Lehrer und Weisen - Reinheit, Aufrichtigkeit, Enthaltsamkeit und Gewaltlosigkeit wird als Tapas [Askese] des Körpers bezeichnet.

15. Eine Rede, die keine Aufregung hervorruft, die wahr, angenehm und nutzbringend ist so, wie die regelmäßige Rezitation der Veden wird Askese der Sprache genannt.

Kommentar: Sattvische Askese mit Bezug auf die Sprache.

16. Gelassenheit des Verstands, Gutherzigkeit, Stille [Kontrolle der Gedanken], Selbstbeherrschung, reines Gemüt [Herz] – das wird Askese des Verstands genannt.

Kommentar: Sattvische Askese mit Bezug auf den Verstand.

17. Diese dreifache Askese, die von beständigen Menschen mit größtem Glauben und ohne Erwartung einer Belohnung praktiziert wird, wird sattvisch genannt.

Kommentar: Sattvische Askese ist die echte Askese.

18. Askese mit dem Ziel, Ansehen, Ruhm und Ehre zu erlangen und die mit Heuchelei praktiziert wird, wird rajastisch genannt. Sie ist unsicher und vergänglich.

19. Die Askese, die aus einer törichten Absicht, selbstquälerisch oder mit dem Ziel einen anderen zu ruinieren praktiziert wird, wird tamastisch genannt.

20. Ein Geschenk, das einem Menschen als Pflicht [Aufgabe]
gegeben wird, der nichts als Ausgleich dafür tun muss und
einem würdigen Menschen [soll ihm helfen] am richtigen Ort,
zur richtigen Zeit gegeben wird, dieses Geschenk wird
sattvisch genannt.

21. Jedoch ein Geschenk, das im Hinblick darauf gemacht
wird, etwas dafür zu erhalten oder mit Erwartung für eine
Belohnung oder widerwillig, ist rajastisch.

22. Ein Geschenk, das an einem falschen Ort und zur falschen
Zeit unwürdigen [nicht hilfreich] Personen gegeben wird,
respektlos und beleidigend, wird tamastisch genannt.

23. OM, TAT, SAT: Das ist die dreifache Bezeichnung für
Brahman. Dadurch wurden die alten Brahmanen, die Veden
und die Opfer erschaffen.

24. Die Schüler der Veden beginnen immer bei ihren
Opferhandlungen, Gaben und Askese mit der Aussprache von
„Om", so wie es in den Schriften vorgeschrieben ist.

Kommentar: Wahrnehmung soll in der Wahrnehmung enden.
[Swami Parthasarathy]

25. Mit dem Aussprechen von „Tat", ohne nach den Früchten
zu streben, werden Opferhandlungen, Askese und
verschiedene Handlungen des Gebens von den Suchern nach
Befreiung [Selbsterkenntnis] ausgeführt.

26. Das Wort „Sat" wird im Sinne der Realität und der Tugend verwendet; und so, O Arjuna [Partha] wird das Wort „Sat" im Sinne einer glückverheißenden [Hochzeit oder Geburt eines Kindes] Handlung verwendet.

27. Beständigkeit im Opfer, in der Askese und Gabe wird auch als „Sat" bezeichnet und auch Handlungen, die damit in Verbindung stehen werden als „Sat" bezeichnet.

28. Alle Opfer, Gaben, Handlungen und alle Askese, die ohne Glauben [Shraddha] ausgeführt werden, sind „Asat" [so gut wie nicht durchgeführt] O Arjuna [Partha]; sie sind hier oder später [nach dem Tod] nutzlos.

KAPITEL 18: SCHLUSSFOLGERUNG

1. Arjuna sprach: Es ist mein Wunsch, die Wahrheit über die Entsagung [Sannyasa] zu verstehen, O Krishna [Hrishikesha] als auch über den Verzicht [Tyaga], O Zerstörer von Kesin.

2. Bhagavan Krishna sprach: Weise verstehen unter „Sannyasa" den Verzicht auf Handlungen, die mit Wünschen verbunden sind [mit Bezug auf die Vergangenheit]; die Weisen nennen den Verzicht auf die Früchte aller Handlungen „Tyaga" [mit Bezug auf die Zukunft].

3. Manche Philosophen sagen, Handlung müsse als ein Übel aufgegeben werden [bereit für Meditation]; andere hingegen behaupten, dass Opferhandlungen, Gaben und Askese nicht aufgegeben werden sollten [zu viele Wünsche vorhanden daher Karma Yoga].

4. Lerne von mir, O Arjuna [O Bester der Bharatas] die Wahrheit über diesen Verzicht [Tyaga]; Verzicht [Tyaga] wurde dreifach erklärt, O Arjuna.

5. Opferhandlungen [yajna], Geben [dana] und Askese [tapas] dürfen nicht aufgegeben, sondern durchgeführt werden; Opferhandlungen, Geben [intelligent geben] und auch Askese [Selbstbeherrschung] läutern den Weisen.

6. Doch auch diese Handlungen müssen ohne Anhaftung und dem Wunsch einer Belohnung [Früchte] durchgeführt werden. Das, O Arjuna [Partha], ist meine eindeutige Überzeugung.

Drei Kategorien des Verzichts [Tyaga] [Verse 7 - 9]

7. Wahrlich, der Verzicht auf verpflichtende Handlungen [nitya karma] ist nicht angemessen; sie aus Unwissenheit aufzugeben, wird als tamastisch angesehen.

8. Wer auf Handlungen aus Furcht vor körperlichen Schwierigkeiten verzichtet, weil sie schmerzhaft sind, wird als rajastisch angesehen. Er erhält dadurch nicht die Frucht des Verzichts.

9. Jede Pflicht wird ausgeführt, O Arjuna, einzig und allein nur deshalb, weil sie getan werden muss. Anhaftung und der Wunsch nach Lohn werden aufgegeben; diese Entsagung wird als sattvisch [daher der wahre Verzicht] angesehen.

Kommentar: Wahre Entsagung ist nicht die Entsagung des Handelns, sondern die Entsagung im Handeln. [Swami Parthasarathy]

10. Der Entsagende, den Reinheit [Sattva] durchdringt, der weise ist und frei von Zweifel, hasst keine unangenehme Tätigkeit und ist auch an eine angenehme nicht gebunden.

11. Wahrlich, können die verkörperten Wesen [Jivas] nicht auf jegliche Handlung verzichten. Wer aber die Frucht seiner Handlungen aufgibt, von dem sagt man mit Recht, dass er ein Entsagender ist.

12. Die dreifache Frucht des Handelns [Karma] - erfreulich, unerfreulich oder vermischt - fällt nach dem Tod jenen zu, die nicht entsagt haben, aber niemals denen, die entsagt haben.

Fünf Ursachen für die Ausführung einer Handlung [Verse 13 - 14]

13-14 Erfahre von mir, O mächtiger Arjuna die fünf Ursachen für das Ausführen von Handlungen, wie sie im System der Samkhyas gelehrt werden.

Der Körper, der Handelnde [Ego], die verschiedenen Sinne, die vielen und verschiedenen Funktionen der Pranas [Lebensenergien] und auch die herrschende Gottheit [Jivatman], als fünfte.

15. Jede Handlung, die ein Mensch mit seinem Körper, seiner Sprache oder seinem Verstand ausführt – richtig oder falsch – diese fünf sind seine Ursachen.

16. Nun da dies der Fall ist, hat wahrlich derjenige, der mit unwissendem Verstand das absolute Selbst [Atman] als den Handelnden betrachtet, ein verdrehtes Verständnis. Er erkennt überhaupt nichts.

17. Wer frei vom Ich-Gedanken [Ego] ist und dessen Verstand nicht von der Vorstellung von Gut und Böse gefärbt ist - obwohl er tötet [aus Sicht der Unwissenheit], tötet er nicht [aus absoluter Sicht] und ist auch an kein Karma gebunden.

Kommentar: Die Lösung für Arjunas Verwirrung. Siehe 2.19, 2.20.

18. Wissen, das Objekt des Wissens und der Wissende [Subjekt] bilden den dreifachen Handlungsimpuls; Organ, Handlung und Handelnder sind die dreifache Handlungsgrundlage [Grundlage von Karma].

19. In der Wissenschaft der Gunas [der Samkhyaphilosophie] wird erklärt, dass Wissen, Handlung und Handelnder [Jiva] von dreifacher Art gemäß der Unterscheidung durch die Gunas sind.

Drei Kategorien von Wissen [Jnana] [Verse 20 – 22]

20. Durch das ein Mensch die eine unzerstörbare Wirklichkeit [Brahman] in allen Wesen erkennt, untrennbar im Getrennten - dieses Wissen ist sattvisch.

21. Aber dieses Wissen, das durch Differenzierung in allen Geschöpfen verschiedene Wesen unterschiedlicher Art sieht, dieses Wissen ist rajastisch.

22. Das, was sich an einem einzigen Effekt klammert als wäre es alles [Atman auf den Jiva beschränkt], ohne Begründung, ohne Fundament und trivial, das wird tamastisch genannt.

Drei Kategorien von Handlungen [Karma] [Verse 23 – 25]

23. Handlung, die verpflichtend ist, frei von Anhaftungen ist und ohne Zu- oder Abneigung von einem Menschen ausgeführt wird der keine Frucht [Lohn] begehrt – diese Handlung wird sattvisch bezeichnet.

24. Aber eine Handlung, die durch eine Sehnsucht nach Erfüllung von Wünschen oder nach Gewinn ausgeführt wird, durch Egoismus und viel Mühe – diese Handlung wird rajastisch bezeichnet.

25. Eine Handlung, die aus Täuschung unternommen wird, ohne auf die Folgen, auf Verlust, Schaden [Verletzung] und die eigenen menschlichen Fähigkeiten Rücksicht zu nehmen, wird tamastisch bezeichnet.

Drei Kategorien eines Handelnden [Karta] [Verse 26 – 28]

26. Ein Mensch, der frei von Anhaftungen und ohne Ich-Gedanken [Ego] handelt, der über Beständigkeit und Kraft verfügt, von Erfolg und Misserfolg nicht beeinflusst wird, dieser wird sattvisch genannt.

27. Leidenschaftlich, gierig, grausam, unrein, der Freude und Trauer unterworfen, wer so handelt, wird rajastisch genannt.

28. Unsicher, vulgär [böse Gedanken und Worte], arrogant, trügerisch, bösartig, faul, mutlos und zaudernd – wer so handelt, wird tamastisch genannt.

29. Nun höre O Arjuna, von der dreifachen Teilung des Verstands [buddhi] und der Beständigkeit [dhrti] entsprechend der Gunas, die ich vollständig und im Einzelnen erkläre.

Drei Kategorien des Verstands [Buddhi] [Verse 30 – 32]

30. Der Verstand [Buddhi], der den Pfad des Handelns und auch die Entsagung kennt, der weiß was zu tun und zu unterlassen ist und der sowohl [die Ursache der] Furcht als auch Furchtlosigkeit, [die Ursache der] Knechtschaft wie auch Befreiung kennt – dieser Verstand ist sattvisch, O Arjuna [Partha].

31. Das, wodurch irrtümlich Dharma [das Richtige] für Adharma [das Unrichtige] gehalten wird und das, wodurch verwechselt wird, was zu tun und was zu unterlassen ist – dieser Verstand, O Arjuna [Partha], ist rajastisch.

32. Das, was in Dunkelheit [Unwissenheit] gehüllt, Adharma als Dharma betrachtet und alles verdreht – dieser Verstand, O Arjuna [Partha], ist tamastisch.

33. Die unerschütterliche Beständigkeit, durch welche mittels Yoga, die Funktionen von Manas [Denken bzw. Verstand] Prana [Lebenskraft, mentale Ebene] und Indriyas [Sinnesorgane, physische Ebene] gezähmt wurden – diese Beständigkeit, O Arjuna [Partha], ist sattvisch.

34. Das jedoch was den Menschen aufgrund von Anhaftung und dem Wunsch nach Belohnung an Dharma [der Pflicht], Vergnügen und dem Erwerb von Reichtum festhalten lässt – diese Beständigkeit, O Arjuna, ist rajastisch.

35. Das, womit ein törichter Mensch den Schlaf, die Furcht, die Verzweiflung, den Kummer und die Lust nicht aufgibt, diese Beständigkeit, O Arjuna [Partha], ist tamastisch.

36. Nun höre von mir, O Arjuna, vom dreifachen Glück, das, an dem man sich durch Übung erfreut und das Ende der Schmerzen erreicht.

Drei Kategorien des Glücks [Verse 37 – 39]

37. Das, was am Anfang wie Gift und am Ende wie Nektar ist – dieses Glück wird sattvisch genannt und ist aus reinem Verstand geboren.

38. Das Glück, das aus dem Kontakt der Sinnesorgane mit den [Sinnes] Wahrnehmungen entsteht, das zuerst wie Nektar und am Ende wie Gift ist - das wird als rajastisch angesehen.

39. Das Glück, das sowohl zu Beginn als auch in der Folge das Selbst täuscht, das aus dem Schlaf, der Trägheit und Unachtsamkeit stammt – dieses Glück wird tamastisch genannt.

40. Es gibt kein Wesen auf Erden und auch nicht unter den Göttern [Devas] im Himmel das von den drei Eigenschaften [Gunas] der Natur [Prakriti, Maya] frei ist.

41. Die Pflichten von Brahmanen, Kshatriyas, Vaishyas und Sudras werden aufgrund der Eigenschaften [Gunas] der Natur [Prakriti, Maya] verteilt.

42. Gelassenheit, Selbstbeherrschung, Askese, Reinheit, Vergebung und auch Ehrlichkeit, Wissen, Weisheit und Glaube - das sind die Pflichten der aus der Natur geborenen Brahmanen.

43. Tapferkeit, Größe, Beständigkeit, Schnelligkeit und Furchtlosigkeit im Kampf, Großzügigkeit und Herrschersinn [Temperament eines Herrschers] - das sind die Pflichten der aus der Natur geborenen Kshatriyas.

44. Landwirtschaft, Viehzucht und Handel sind die Pflichten der aus der Natur geborenen Vaishyas [Kaufmannes]; und die Pflichten, der aus der Natur geborenen Sudras ist der Dienst [physische Dienstleistung].

45. Jeder Mensch, der seine Pflicht erfüllt erreicht Vollkommenheit; Wie jemand der seine Pflicht erfüllt, Vollkommenheit erreicht, das höre von mir, O Arjuna.

46. Er [Brahman], aus dem sich alle Wesen entwickelt haben und von dem alles durchdrungen ist – wenn ihn ein Mensch durch seine Pflicht verehrt, erlangt er Vollkommenheit.

47. Besser ist die eigene Pflicht, [allerdings] ohne Verdienst, als die gut erfüllte Pflicht eines anderen. Wer die Pflicht erfüllt, die von der Natur bestimmt wurde, sündigt nicht.

Kommentar: Alles hat einen Sinn. Nicht nur das Gute, sondern auch das Schlechte sind seine Manifestationen und dienen seinem Zweck. Alles ist er. Und er allein ist! [Swami Chinmayananda]

48. Die Pflicht, zu der man geboren wurde, darf nicht aufgegeben werden, O Arjuna [Sohn von Kunti], auch wenn sie fehlerhaft ist; denn alle Handlungen [im Sinne der Vasanas] sind vom Übel umgeben, so wie das Feuer durch Rauch.

49. Wenn der Verstand nicht an den Dingen angehaftet, die Seele [jiva] selbstbeherrscht und frei vom Verlangen ist, dann erlangt ein Mensch durch Entsagung die höchste Vollkommenheit [Selbsterkenntnis], frei von Handlungen [im höchsten Selbst verweilt].

50. Höre kurz von mir, O Arjuna [Sohn von Kunti], wie ein Mensch, der Vollkommenheit erlangt hat, zu Brahman, dem höchsten Bewusstseinszustand gelangt.

Die zwölf notwendigen Bedingungen, die ein Sucher erfüllen muss [Verse 51 – 53]

51. Ausgestattet mit reinem Verstand, mit Beständigkeit das Selbst zu kontrollieren, auf den Klang und andere Sinneswahrnehmungen [Objekte] zu verzichten, ohne Zuneigung und Abneigung,

52. in Einsamkeit verweilen, mäßig in der Ernährung, die Sprache, den Körper und Verstand beherrscht, stets mit Meditation und Konzentration beschäftigt und leidenschaftslos,

53. ohne Arroganz, ohne Stärke [für Leidenschaft und Wünsche], ohne Stolz, ohne Verlangen, ohne Zorn und Habsucht, gelassen im Herzen und frei vom Ich-Bewusstsein [Ego] – dieser Mensch ist geeignet um Brahman zu erkennen.

54. Wenn er Brahman erkennt und gelassen im Herzen verweilt, empfindet er weder Kummer noch Wunsch; er ist allen Wesen gegenüber gleichgesinnt und erlangt höchste Hingabe an mich.

55. Durch Hingabe realisiert er mich, erkennt in Wahrheit was und wer ich bin; wenn er mich in Wahrheit erkannt hat, geht er unverzüglich in mich ein [Selbsterkenntnis].

Kommentar: Mit Bezug auf Bhakti Yoga.

56. Derjenige, obwohl er Handlungen ausführt, in mir Zuflucht gefunden hat, erlangt durch meine Gnade [Gnade ist immer da, jedoch durch Unwissenheit verdeckt] den ewigen unzerstörbaren Wohnsitz [Selbsterkenntnis].

Kommentar: Mit Bezug auf Karma Yoga.

57. Wenn du mir gegenüber allen Handlungen geistig entsagt hast, sieh mich als dein höchstes Ziel, wende dich dem Yoga der Unterscheidung zu und richte deinen Verstand immer auf mich.

Kommentar: Mit Bezug auf Jnana Yoga.

58. Wenn dein Verstand auf mich gerichtet ist, wirst du durch meine Gnade alle Hindernisse überwinden; wenn du mich aber aus Arroganz nicht hören willst, wirst du untergehen.

59. Wenn du arrogant denkst: „Ich werde nicht kämpfen", dann ist dein Entschluss vergeblich; die Natur [Prakriti, Maya] wird dich zwingen.

60. O Arjuna [Sohn von Kunti], gebunden durch das Karma das aus deiner Natur [Prakriti, Maya] stammt, wirst du auch das hilflos durchführen, was du aus Täuschung nicht zu tun wünschst.

61. Der Herr wohnt in den Herzen aller Wesen, O Arjuna, und lässt durch seine täuschende Kraft [Maya] alle Wesen rotieren, als würden sie auf einer Maschine montiert sein.

Kommentar: Die Totalität aller Vasanas [Isvara oder Maya] erzeugt die Totalität der Gedanken, die Totalität der Wünsche und die Totalität der Handlungen. Das ist das Universum.

62. Fliege ihm mit deinem ganzen Wesen entgegen, um bei ihm Zuflucht zu suchen, O Arjuna [Bharata]; durch seine Gnade wirst du den höchsten Frieden und den ewigen Wohnsitz erlangen.

63. So ist dir von mir die Weisheit verkündet worden, die geheimer ist als das Geheimnis selbst; nachdem du all dies überlegt hast, handle wie es dir gefällt.

64. Höre wieder mein Wort, das Höchste aller Geheimnisse; weil ich dich liebe, werde ich dir sagen, was gut ist.

65. Richte deinen Verstand auf mich, sei mir ergeben, verehre mich und verneige dich vor mir [Ego]. Du wirst zu mir gelangen; wahrlich ich gebe dir mein Versprechen, denn du bist mir lieb.

Kommentar:

„Da antwortete Jesus und sprach zu ihnen: Wahrlich, wahrlich, ich sage euch: Der Sohn kann nichts von sich selbst tun, außer was er den Vater tun sieht; denn was der tut, das tut ebenso auch der Sohn." [Jh, 5,19]

66. Gib alle Vorstellungen von Dharma auf und suche nur Zuflucht bei mir allein: Ich werde dich von allen Sünden [vasanas] befreien; sorge dich nicht.

67. Nie sollst du hierüber zu jemanden sprechen, der nicht Askese übt, nie zu jemand, der ohne Hingabe ist, nie zu jemand, der nicht dient. Und gewiss nicht zu dem, der mich verachtet und über mich spottet.

68. Wer mit höchster Hingabe an mich dieses höchste Geheimnis meinen Anhängern lehrt, wird zweifellos zu mir kommen.

69. Es gibt keinen Menschen, der mir [die Lehren der Gita lehrt] einen größeren Dienst erweist und es wird auch keinen auf der Erde geben, der mir lieber ist als er.

70. Und wer über diesen heiligen Dialog von uns studieren wird, bringt mir das Weisheitsopfer [der die Bhagavad Gita studiert] – das ist meine Überzeugung.

71. Auch der Mensch, der dies voll Glauben [Shraddha] und frei von Bosheit hört, wird befreit und gelangt zu den glücklichen Welten derer, die rechtschaffen gehandelt haben.

72. Hast du das mit aufmerksamen Verstand gehört, O Arjuna [Partha]? Ist die Täuschung, geboren aus der Unwissenheit vernichtet worden, O Arjuna [Dhananjaya]?

73. Arjuna sprach: Meine Täuschung ist zerstört, da ich durch deine Gnade Erkenntnis erlangt habe, O Krishna. Ich bin frei von Zweifel. Ich werde handeln, wie du es gesagt hast.

74. Sanjaya sprach: So hörte ich diesen wunderbaren Dialog zwischen Sri Krishna und dem hochherzigen Arjuna das meine Haare zu Berge stehen lässt.

75. Durch die Gnade Vyasas habe ich diesen höchsten und überaus geheimen Yoga direkt von Krishna, dem Herrn des Yoga gehört, der ihn selbst erläutert hat.

76. O König, wenn ich an diesen wunderbaren Dialog zwischen Krishna und Arjuna denke, freue ich mich immer wieder.

77. Und wenn ich oft an diese so wunderbare Gestalt [kosmische Form] von Hari denke, ist mein Erstaunen groß, O König; und ich freue mich immer wieder.

78. Wo immer Krishna, der Herr des Yoga ist, wo immer Arjuna der Bogenschütze ist, dort wird Glück, Sieg und Wohlstand sein. Davon bin ich überzeugt.

Kommentar:

Bhagavan Krishna: das höchste Wissen.
Arjuna: Praxis des höchsten Wissens.

Brahma Sutras

Struktur: Vier Teile [Adhyāya]. Jeder Teil ist in vier Kapitel [Pada] unterteilt. 189 Themen [Adhikaranas].
Anzahl der Verse [Sutras]: 555

Übersicht:
TEIL 1 Übereinstimmung durch richtige Interpretation
TEIL 2 Kein Widerspruch
TEIL 3 Spirituelle Praxis
TEIL 4 Ergebnis

Abkürzungen:
Ai. Aitareya Upanishade
BG. Bhagavad Gita
Br. Brihadaranyaka Upanishade
Ch. Chandogya Upanishade
Isa. Isha Upanishade
Jabala Up. Jabala Upanishade
Ka. Katha Upanishade
Kau. Kaushitaki Upanishade
Kena. Kena(o) Upanishade
Manu. Manusmriti
Mu. Mundaka Upanishade
Pr. Prasna Upanishade
Rg Veda. Rig Veda
Sat. Br. Shatapatha Brahmana
Sv. Shvetashvatara Upanishade
Tai. Taittirīya Upanishade

TEIL 1 - PADA 1

Thema 1 - Die Suche nach Selbsterkenntnis [Brahman] und ihre Voraussetzungen

1.1.1 Die Untersuchung von Brahman.
Vergänglich sind die Früchte der Riten, weltlichen Handlungen und Genüsse. Um Unsterblichkeit und Glückseligkeit zu erlangen suche Brahman.

Thema 2 - Brahman als Ursprung von allem

1.1.2 [Brahman ist derjenige], von dem der Ursprung usw. [daher der Ursprung, die Erhaltung und die Auflösung] dieser [Welt] ausgehen.

Referenz: Tai. 3.1, BG. 10.32

Thema 3 - Brahman ist nur durch die Schriften erkennbar

1.1.3 Die Schriften [Vedanta-Texte] sind die Quelle wahren Wissens.

Referenz: Br. 2.4.10

Thema 4 - Brahman ist der Hauptzweck aller Vedanta Texte

1.1.4 Aber, weil es der Hauptzweck [aller Vedanta Texte] ist.

Referenz: Mu. 1.1.1, Mu. 1.2.13

1.1.5 Aufgrund des Sehens [daher des Denkens, das in den Upanishaden der Ersten Ursache zugeschrieben wird, ist die unbewegliche Pradhana [Materie] nicht die erste Ursache, die von den Upanishaden angegeben wird; denn] sie [Pradhana] basiert nicht auf die Schriften.

Kommentar: Materie [Pradhana] ist nicht die erste Ursache.

Referenz: Pr. 6.3, Ai. 1.1.1, Ai. 1.1.2, Ch. 6.2

1.1.6 Weil sie behaupten, dass es [das Wort „sehen" oder „denken"] in einem sekundären Sinn verwendet wird, [sagen wir] es ist nicht so, weil das Wort Atman als die Ursache der Welt verstanden wird.

Referenz: Ch. 6.2, Ch. 6.3.2, Ch. 6.8.7

1.1.7 Pradhana [Materie] kann nicht mit dem Begriff Selbst bezeichnet werden, weil Befreiung demjenigen erklärt wird, der „Sat" ergeben ist.

Kommentar: Nur ein Verehrer von „Sat" erlangt Selbsterkenntnis.

Referenz: Ch. 6.14.2

1.1.8 Und [Pradhana daher Materie kann nicht mit dem Wort „Selbst" bezeichnet werden], weil es [Sat] nicht [in den Schriften] angegeben ist, daher muss es verworfen werden.

Kommentar: Materie ist nicht „Sat", daher muss es laut den Schriften verworfen werden.

Referenz: Ch. 6.2.1

1.1.9 Aufgrund der [individuellen] Vereinigung mit seinem eigenen Selbst [kann das Selbst nicht Pradhana [Materie] sein].

Kommentar: Der Jiva wird im Tiefschlaf mit dem höchsten Selbst [Atman] eins, deshalb ist Materie nicht die Ursache.

Referenz: Ch. 6.8.1

1.1.10 Aufgrund der einheitlichen Sichtweise [der Vedanta-Texte ist Brahman als Ursache zu verstehen].

Referenz: Pr. 3.3, Tai. 2.1, Ch. 7.2.6

1.1.11 Und weil es direkt im Sruti steht [daher ist Brahman allein die Ursache des Universums].

Referenz: Ch. 7.24.1, Br. 3.1.8, Br. 4.5.15, Sv. 6-9

Thema 6 - Das Selbst, das aus Glückseligkeit besteht, ist das Selbst

1.1.12 Anandamaya bedeutet Brahman aufgrund der Wiederholung [des Wortes „Glückseligkeit" als Bezeichnung für das höchste Selbst].

Kommentar: Wiederholung des Wortes „Glückseligkeit" zeigt, das Glückseligkeit Brahman ist.

Referenz: Tai. 2.6.4, Tai. 3.6.1, Br. 3.9.28

1.1.13 Falls [behauptet wird, dass der Begriff Anandamaya, der aus Glückseligkeit besteht] nicht [das höchste Selbst bezeichnen kann], weil es ein Wort, eine Veränderung, Umwandlung oder ein Produkt ist, ist das [so sagen wir, dass der Einwand] aufgrund der Fülle [die durch das Suffix „maya" gekennzeichnet ist], nicht richtig [gültig] ist.

Kommentar: Glückseligkeit ist keine Modifikation, weil „Maya" Fülle bedeutet.

Referenz: Tai. 2.8

1.1.14 Und weil er als die Ursache dafür beschrieben wird [daher der Glückseligkeit; deshalb bedeutet „Maya", Fülle oder Überfluss].

Referenz: Tai. 2.7

1.1.15 Ferner wird auch über diesen Brahman gesungen, auf den im Mantra-Teil Bezug genommen wurde [in der Brahmana Passage als Anandamaya verkündet].

Kommentar: Durch Hymnen wir die Glückseligkeit von Brahman wiederholt gesungen.

Referenz: Tai. 2.1, Tai. 3.6

1.1.16 [Brahman und] nicht die andere [daher die einzelne Seele, Jiva] aufgrund der Unmöglichkeit [der letzteren Annahme].

Kommentar: Die Natur von Brahman besteht aus Glückseligkeit und nicht jene von einem Jiva.

Referenz: Tai. 2.6

1.1.17 Und aufgrund der Erklärung der Differenz [zwischen den beiden, daher dem in der Passage „Das Selbst, das aus Glückseligkeit besteht" usw. und der individuellen Seele, kann diese nicht diejenige sein, auf die in der Passage Bezug genommen wird].

Kommentar: Die Schriften erklären einen Unterschied zwischen dem glückseligen Selbst und dem Jiva.
Referenz: Tai. 2.7

1.1.18 Aufgrund eines Wunsches oder dem Willen in der Schriftstelle können wir nicht einmal indirekt behaupten, dass Anandamaya, Pradhana [Materie] bedeutet.

1.1.19 Und darüber hinaus lehrt sie, daher die Schrift, die Verbindung dieser, daher der individuellen Seele mit diesem [Brahman], der aus Glückseligkeit [Anandamaya] besteht, wenn Selbsterkenntnis erlangt wird.

Kommentar: Durch Selbsterkenntnis wird der Jiva eins mit dem glückseligen Selbst.

Referenz: Tai. 2.7

Thema 7 - Die Person in der Sonne, im Auge und als Bewohner im Inneren ist Brahman

1.1.20 Das Wesen im Inneren [der Sonne und im Auge] ist Brahman, weil seine Attribute darin gelehrt werden.

Kommentar: Die Person im Inneren, in der Sonne und im Auge ist Brahman.

Referenz: Ch. 1.6.6, Ch. 1.7.5, Ch. 8.7

1.1.21 Und es gibt noch einen anderen [Brahman, der anders als die einzelnen Seelen ist, der die Sonne beleben kann usw.] aufgrund der Erklärung der Differenzierung.

Kommentar: Die Schriften erklären einen Unterschied zwischen Brahman und Jiva.

Referenz: Br. 3.7-9

Thema 8 - Das Wort „Akasa" ist Brahman

1.1.22 Das Wort Akasa daher Raum ist Brahman aufgrund charakteristischer Merkmale.

Kommentar: Die Merkmale zeigen, das Akasa Brahman ist.

Referenz: Ch. 1.9, Br. 3.5.1, Tai. 3.6

Thema 9 - Das Wort „Prana" ist Brahman

1.1.23 Aus dem gleichen Grund bezieht sich der vitale Atem [Prana] auch auf Brahman.

Referenz: Ch. 1.11.5, Br. 4.4.18

Thema 10 - Das Wort „Licht" ist Brahman

1.1.24 Das „Licht" ist Brahman aufgrund der Erwähnung in einem Absatz als [vier] Füße, die mit dem Absatz über das Licht zusammenhängt.

Referenz: Ch. 2.13, Br. 4.3.5

1.1.25 Wenn behauptet wird, dass Brahman nicht das Versmaß Gayatri bezeichnet, so antworten wir, dem ist nicht so, weil mithilfe des Versmaßes die Anwendung des Verstands über Brahman erklärt wird; denn so wird er [auch in anderen Textstellen] beschrieben.

Kommentar: Mithilfe des Gayatri wird der Verstand auf Brahman konzentriert.

Referenz: Ch. 3.14.1

1.1.26 Und so auch [wir müssen zu dem Ergebnis kommen, dass Brahman das Thema der vorherigen Textstelle ist, in der Gayatri vorkommt] weil [nur] die Erklärung zu den Wesen usw. als Füße möglich ist.

Kommentar: Die Lebewesen, die Erde, das Herz und die Elemente sind die vier Füße des Gayatri bzw. seine Manifestationen.

Referenz: Ch. 3.13.7

1.1.27 Falls [Brahman in der Textstelle über das Gayatri im Absatz, der über das "Licht" handelt, nicht erkannt werden kann], der Unterschied aufgrund der Bezeichnung oder der Spezifikation behauptet wird, [so antworten wir] nein, denn in beiden [Bezeichnungen] gibt es nichts Gegenteiliges [in der Erkenntnis].

Kommentar: Verschiedenen Namen für Brahman widerlegen nicht Brahman.

1.1.28 Prana ist Brahman, der so aus einer zusammenhängenden Betrachtung verstanden wird [die Textstelle, auf die sich Prana bezieht].

Kommentar: Prana, die Lebenskraft ist Brahman und nicht unbewegliche Atmung oder die individuelle Seele.

1.1.29 Wenn behauptet wird, dass das [Brahman] nicht [bezeichnet oder in diesen Textstellen] aufgrund der Anweisung des Sprechers [Indra] über sich selbst ist, so antworten wir, dem ist nicht so, denn es gibt in diesem [Kapitel oder Upanishade] eine Menge Hinweise über das innere Selbst.

Referenz: Br. 2.5.19, Br. 3.8.8

1.1.30 Die Erklärung [von Indra über Prana und Brahman] ist durch Intuition möglich, so wie es im Sruti im Fall von Vamadeva bestätigt wurde.

Referenz: Br. 1.4.10

1.1.31 Wenn behauptet wird, dass er [Brahman] nicht aufgrund charakteristischer Merkmale der individuellen Seele und der primären Lebensenergie [die erwähnt wurden] gemeint ist; so sagen wir nein, weil [eine solche Interpretation] eine dreifache Meditation [Upasana] vorschreiben würde und weil Prana akzeptiert wird [auch sonst im Sruti im Sinn von Brahman] und weil auch diese [Worte, die Brahman bezeichnen] mit Bezug auf Prana erwähnt werden.

Kommentar: Jiva, Prana und Brahman würde Brahman dreifach darstellen. Aber eine Meditation sollte nicht über etwas Dreifaches sein daher ist Prana selbst Brahman.

Referenz: Pr. 2.3

TEIL 1 - PADA 2

Thema 1 - Verstand [Manomaya] ist Brahman

1.2.1 [Das, was aus dem Verstand „Manomaya" besteht, ist Brahman], weil es in den Upanishaden [in diesem Text] gelehrt wurde.

Referenz: Tai. 1.6.1

1.2.2 Darüber hinaus sind die gewünschten Eigenschaften möglich [in Brahman daher bezieht sich der Text auf Brahman].

Kommentar: Alle Eigenschaften von Brahman verdeutlichen, das Manomaya Brahman ist.

Referenz: Ch. 3.14.2

1.2.3 Andererseits, wäre es [diese Eigenschaften] innerhalb der Verkörperung [Seele] nicht möglich [in ihr].

Kommentar: Der Jiva besitzt nicht diese Eigenschaften, deshalb ist er nicht Manomaya.

Referenz: Ch. 3.14

1.2.4 Aufgrund der Beschreibung des Besitzers und des erlangten Objekts. Wer aus dem Denken [Manomaya] besteht, bezieht sich auf Brahman und nicht auf die individuelle Seele.

Kommentar: Manomaya als Ziel ist Brahman.

Referenz: Ch. 3.14.4

1.2.5 Aufgrund der Differenz der Wörter.

Kommentar: Aufgrund der Differenz der Wörter ist der goldene Purusha nicht der Jiva ➔ Satapatha Brahman X.6.3.2

1.2.6 Auch im Smriti [das sich das im Text genannte verkörperte Selbst oder die individuelle Seele unterscheidet].

Kommentar: Auch im Smriti gibt es einen Unterschied zwischen Brahman und Jiva.

Referenz: BG. 18.61

1.2.7 Wenn behauptet wird, dass sich [die Textstelle] nicht aufgrund der Kleinheit des Wohnortes [des Herzens] und auch wegen der Bezeichnung dessen [der Kleinheit] auf Brahman bezieht, so sagen wir nein; weil darüber [Brahman] meditiert werden muss und weil es dem Beispiel des Raumes ähnlich ist.

Kommentar: Brahman durchdringt alles, obwohl er im Herzen wohnt.

Referenz: Ch. 3.14.3

1.2.8 Wenn man behauptet, dass [mit den Herzen aller individuellen Seelen verbunden] er [Brahman] allgegenwärtig ist, würde er auch Erfahrungen [von Vergnügen und Leid] haben [so sagen wir] dem ist nicht so, aufgrund des Unterschieds der Natur [der beiden].

Kommentar: Aufgrund des Unterschieds der Natur zwischen Brahman und Jiva, wird Brahman nicht vom Vergnügen oder Leid beeinflusst.

Referenz: Mu. 3.1.1

Thema 2 - Der Verzehrer ist Brahman

1.2.9 Der Verzehrer [ist Brahman], weil sowohl das Bewegliche als auch das Unbewegliche [die ganze Welt] [als seine Nahrung] verzehrt wird.

Kommentar: Brahman als Verzehrer isst alles Bewegliche und Unbewegliche.

Referenz: Ka 1.2.25, Mu. 3.1.1

1.2.10 Und aufgrund des Kontexts ist er es auch [Verzehrer ist Brahman].

Kommentar: Alle löst sich wieder in Brahman auf.

Referenz: BG. 2.27

Thema 3 - Die beiden, die die Höhle des Herzens bewohnen sind die individuelle Seele [Jiva] und Brahman

1.2.11 Die beiden, die in der Höhle [des Herzens] wohnen, sind tatsächlich die individuelle Seele [Jiva] und die höchste Seele [Brahman], weil sie so erkannt werden.

Referenz: Ka. 1.3.1

1.2.12 Und aufgrund der charakteristischen Eigenschaften [der beiden in den folgenden Texten].

Referenz: Ka. 1.2.12, Ka. 1.3.3

Thema 4 - Die Person im Auge ist Brahman

1.2.13 Die Person innerhalb [vom Auge] ist Brahman, weil sie [die darin erwähnten Attribute] zutreffend sind [nur für Brahman].

Referenz: Ch. 4.15.1

1.2.14 Und aufgrund des Ortes und so weiter.

Referenz: Ch. 1.6.6

1.2.15 Und aufgrund der Textstelle, die sich auf das bezieht, was sich durch Glückseligkeit auszeichnet [Brahman].

Kommentar: Die Person im Auge ist das glückselige Selbst. „Ka" und „Kha" zusammen ist Glückseligkeit.

Referenz: Ch. 4.10.5

1.2.16 Und aufgrund der Aussage über den Weg desjenigen, der die Wahrheit der Upanishaden erkannt hat.

Referenz: Pr. 1.10

1.2.17 [Die Person im Auge ist das höchste Selbst] und nicht irgendeine andere [Jiva], da diese nicht immer existieren; und aufgrund der Unmöglichkeit [der Eigenschaften der Person, die ihr zugeschrieben werden].

Kommentar: Die Person im Auge ist Brahman: Niemand sonst ist qualifiziert und permanent. Der Jiva als Reflexion ist vergänglich.

Thema 5 - Der innere Lenker ist Brahman

1.2.18 Der innere Lenker über die Götter und so weiter [ist Brahman], weil die Attribute über ihn [Brahman] erwähnt werden.

Referenz: Br. 3.7.1

1.2.19 Und [der innere Lenker ist] nicht das, was in der Sankhya Smriti [Pradhana [Materie]] gelehrt wird, weil die [hier] erwähnt Eigenschaften seiner Natur widersprechen.

Kommentar: Die Pradhana [Materie] der Samkhyas ist nicht der innere Lenker.

Referenz: Br. 3.7.23

1.2.20 Und die individuelle Seele [ist nicht der innere Lenker] für beide [beide Rezensionen, die Kanva und Madhyandina

Sakhas der Brihadaranyaka Upanishade] die von ihr als verschieden sprechen [vom inneren Lenker].

Kommentar: Der Jiva ist nicht der innere Lenker.

Thema 6 - Was man nicht sehen kann, ist Brahman

1.2.21 Der Besitzer der Eigenschaften wie Unteilbarkeit usw., [ist Brahman] aufgrund der Beschreibung seiner Eigenschaften.

Referenz: Mu. 1.1.5, Mu. 1.1.6

1.2.22 Die beiden anderen [die individuelle Seele [Jiva] und Pradhana [Materie]] sind nicht der Ursprung aller Wesen aufgrund charakteristische Merkmale und Unterschiede.

Kommentar: Der Schöpfer, der Ursprung ist Brahman und nicht der Jiva oder die Materie.

Referenz: Mu. 2.1.2

1.2.23 Und aufgrund seiner Form [der hier diskutierte Abschnitt bezieht sich auf Brahman].

Referenz: Mu. 2.1.4

Thema 7 - Vaisvanara ist Brahman

1.2.24 Vaisvanara [ist Brahman] aufgrund der Charakteristik, die als gemeinsamen Begriffe [„Vaisvanara" und „Selbst"] beschrieben werden.

Referenz: Ch. 5.18.1-2, Ch. 5.24.3

1.2.25 Weil die [kosmische Form des höchsten Herrn], die im Smriti beschrieben wird, ein Indikatorzeichen oder eine Schlussfolgerung ist [aus der wir die Bedeutung des diskutierten Sruti Textes ableiten].

Kommentar: Die Beschreibung im Smriti unterstützt Vaisvanara Brahman.

Referenz: BG. 15.14

1.2.26 Wenn behauptet wird, dass er [Vaisvanara ist] nicht Brahman oder der höchste Herr aufgrund des Begriffs [Vaisvanara, das eine andere Bedeutung hat, nämlich Feuer der Verdauung] usw., und aufgrund seines Innehaltens [das eine Eigenschaft des Feuers der Verdauung ist] ist, [so sagen wir] nein, weil es die Anweisung erklärt, ihn [Brahman] als solchen zu begreifen [als das Feuer der Verdauung, weil es für das Feuer der Verdauung unmöglich ist, den Himmel usw. als seinen Kopf und andere Glieder zu besitzen] und auch, weil sie [die Vajasaneyins] ihn [Vaisvanara] als Menschen beschreiben [das nicht auf das Feuer der Verdauung zutrifft].

Referenz: Sat. Br. 10.6.1.11

1.2.27 Aus den gleichen Gründen [Vaisvanara] kann er nicht die Gottheit [Feuer] oder das Element [Feuer] sein.

1.2.28 Jaimini erklärt, dass es keinen Widerspruch gibt. Auch nicht [wenn Vaisvanara] Brahman [als Gegenstand der Anbetung] betrachtet.

Kommentar: Jaimni erkennt keinen Widerspruch in Vaisvanara Brahman.

1.2.29 Aufgrund der Manifestation sagt Aasmarathya

Kommentar: Der Seher Aasmarathya sagt: „Brahman manifestiert sich selbst auch als Symbole zuliebe seiner Ergebenen."

1.2.30 Um der Meditation oder der ständigen Erinnerung willen - so sagt es der Weise Badari.

Kommentar: Mentale Bilder für eine leichtere Meditation sagt der Weise Badari. „Die Größe von einem Daumen" ist ein mentales Bild und nicht die aktuelle Größe.

1.2.31 Aufgrund der imaginären Identität kann der höchste Herr Pradesamatra [lange Spanne] genannt werden. So sagt es Jaimini, weil es so [im Sruti] erklärt wird.

Kommentar: Jaimini sagt, mentale Bilder weisen auf Brahman als lange Spanne hin.

1.2.32 Außerdem lehren sie [die Jabalas], dass dies [der höchste Herr] in diesem [Raum zwischen Kopf und dem Kinn] zu meditieren ist.

Referenz: Jabala Up. 1

TEIL 1 - PADA 3

Thema 1 - Der Wohnsitz des Himmels, der Erde, usw. ist Brahman

1.3.1 Der Wohnsitz des Himmels, der Erde usw. [ist Brahman] aufgrund des Begriffs „eigenen", daher "Selbst".

Referenz: Mu. 2.2.5, Br. 4.5.13, Ch. 6.8.4

1.3.2 Aufgrund der Erklärung [in den Schriften], die von den Befreiten erreichen wurden.

Kommentar: Der Wohnsitz von allem ist Brahman sagen die Kenner von Brahman.

Referenz: Mu. 2.2.8, Br. 4.4.7, Br. 4.4.21

1.3.3 [Der Wohnsitz des Himmels usw.] ist nicht das, was daraus abgeleitet wird, daher Pradhana [Materie], weil es keinen Begriff dafür gibt.

Kommentar: Es gibt keine Erklärung das Pradhana [Materie] der Wohnsitz ist.

Referenz: Mu. 1.1.9

1.3.4 [Auch nicht] die individuelle Seele [Jiva].

Referenz: Mu. 2.2.5

1.3.5 [Auch] aufgrund der Erklärung der Differenz zwischen dem Jiva und dem Wohnsitz des Himmels usw.

Kommentar: Sruti unterscheiden zwischen dem Jiva und dem Wohnsitz.

Referenz: Mu. 2.2.5

1.3.6 Aufgrund des Gegenstands.

Kommentar: Im Kontext Brahman ist der Wohnsitz.

Referenz: Mu. 1.1.3, Mu. 2.2.9

1.3.7 Und aufgrund der beiden Bedingungen, ungebunden zu bleiben und zu essen [von denen das erste für das höchste Selbst, das zweite für den Jiva charakteristisch ist].

Kommentar: Zwei Vögel [Atman und Jiva] sitzen auf dem gleichen Baum, der eine isst, der andere ist nicht gebunden.

Referenz: Mu. 3.3.1

Thema 2 - Bhuma [das Unendliche] ist Brahman

1.3.8 Bhuma [ist Brahman], weil es nach dem Tiefschlaf gelehrt wird [aufgrund der Prana oder der vitalen Energie, die auch in diesem Zustand wach bleibt].

Referenz: Ch. 8.22-24

1.3.9 Und weil die [in der Schriftstelle zu Bhuma erklärten] Attribute nur für Brahman zutreffen.

Referenz: Br. 4.5.15

1.3.10 Der Unsterbliche [ist Brahman], weil er alles bis hin zu Akasa [Raum] unterstützt.

Referenz: Br. 3.8.7, Br. 3.8.11

1.3.11 Dies [unterstützende] aufgrund des Willens [der dem Unsterblichen zugeschrieben wird, kann nur das Werk des höchsten Selbst und nicht der Pradhana [Materie] sein].

Kommentar: Nur Brahman ist der Lenker, nicht Pradhana [Materie].

Referenz: Br. 3.8.9

1.3.12 Und aufgrund [des Sruti] das [Akshara] von dieser Natur unterscheidet [von Brahman].

Kommentar: Aksara ist Brahman, andere [Jiva oder Materie] werden negiert.

Referenz: Br. 3.8.8

Thema 4 - Die höchste zu meditierende Person ist der höchste Brahman

Referenz: Pr. 5.2

1.3.13 Aufgrund seiner Erwähnung als Objekt des Sehens ist er es [Brahman über den meditiert werden soll].

1.3.14 Der Kleine [Akasa ist Brahman] aufgrund der nachfolgenden Argumente oder Ausdrücke.

Referenz: Ch. 8.1.1, Ch. 8.1.3

1.3.15 Der kleine Akasa [Raum] ist Brahman aufgrund der Handlung des Eintretens [in Brahman] und des Wortes [Brahmaloka]; weil das [die einzelnen Seelen gehen in Brahman ein] auch anderswo in anderen Sruti Schriften beschrieben wurde; und dieses tägliche Eintreten der Seelen in Brahman [während des Tiefschlafs] ist ein indirektes Zeichen durch das wir das Wort „Brahmaloka" richtig interpretieren können.

Referenz: Ch. 8.3.2, Ch. 6.8.1

1.3.16 Außerdem muss der kleine Raum [Akasa] aufgrund der Unterstützung auch [ihm zugeschrieben] Brahman sein, weil darin diese Größe beobachtet wird [Brahman allein aufgrund anderer Schriftstellen].

Referenz: Ch. 8.4.1, Br. 3.8.9

1.3.17 Auch aufgrund der bekannten Interpretation [von Akasa als Brahman, der kleine Akasa ist Brahman].

Referenz: Ch. 8.14.1, Ch. 1.9.1, Tai. 2.7

1.3.18 Wenn behauptet wird, dass die andere [Jiva] aufgrund eines Verweises [auf sie in einer ergänzenden Textstelle] gemeint ist [so sagen wir], nein, aufgrund der Unmöglichkeit.

Kommentar: Der Jiva kann aufgrund der Upadhis unmöglich damit gemeint sein.

Referenz: Ch. 8.1.1

1.3.19 Wenn für nachfolgende Texte behauptet wird, dass [es so scheint, dass der Jiva damit gemeint ist, so sagen wir, dass das, worauf dort Bezug genommen wird, ist], eher ihre wahre Natur [des Jivas] manifestiert wurde [weil sie sich von Brahman nicht unterscheidet].

Referenz: Ch. 8.7.1, Ch. 8.10.1, Mu. 3.2.9

1.3.20 Und der Bezug [auf den Jiva] dient einem anderen Zweck.

Kommentar: Die wahre Natur des Jiva ist von Brahman nicht verschieden.

1.3.21 Falls behauptet wird, dass es sich aufgrund der schriftlichen Beschreibung der Kleinheit bezieht [des Raums und deshalb Brahman nicht gemeint sein kann] so sagen wir, das wurde bereits erklärt.

Kommentar: Dahara soll die Meditation über Brahman erleichtern.

Thema 6 - Alles scheint aufgrund von Brahman

1.3.22 Aufgrund des Handelns [des Leuchtens, wodurch Sonne, Mond usw. scheinen, ist das höchste Selbst] und weil durch das Licht von ihm alles andere leuchtet.

Kommentar: Weil Brahman scheint, scheint alles nach ihm [Sonne, Mond usw.]

Referenz: Mu. 2.2.10, Ka 2.2.15, Ch. 3.14.2, Br. 4.14.16

1.3.23 Außerdem spricht der Smriti auch von ihm, daher von Brahman als dem universellen Licht.

Referenz: BG. 15.6, BG. 15.12

Thema 7 - Die Person von der Größe eines Daumens ist Brahman

1.3.24 Von dem Wort [dem Begriff „Herr", der sich darauf bezieht] an der Größe des Daumens gemessen [ist Brahman].

Referenz: Ka. 2.4.12, Ka 2.4.13

1.3.25 Aber mit Bezug auf das Herz [der höchste Brahman soll von der Größe eines Daumens sein], ist der Mensch allein [zum Studium der Veden, zur Meditation und zur Selbstverwirklichung] berechtigt.

Referenz: Ka. 2.6.17

Thema 8 - Das Recht der Götter auf das Studium der Veden und der Meditation über Brahman

1.3.26 Auch [Wesen] über ihnen [nämlich Menschen sind zum Studium und zur Ausübung der Veden berechtigt] aufgrund der Möglichkeit nach Badarayana.

Kommentar: Badarayana behauptet, dass es möglich ist das auch Götter meditieren können.

Referenz: Ch. 8.7.11, Tai. 3.1

1.3.27 Wenn behauptet wird, dass das [die Körperlichkeit der Götter] ein Widerspruch zu Opfern [Riten] ist; so sagen wir nein, weil wir [in den Schriften] die Annahme [durch die Götter] vieler [Formen gleichzeitig] finden.

Kommentar: Auch verkörpert nehmen die Götter verschieden Formen in verschiedenen Riten gleichzeitig an.

1.3.28 Falls das mit Bezug auf das Wort [daher ein Widerspruch entstehen könnte] behauptet wird so sagen wir nein, weil sie [die Welt] aus dem Wort stammt, so wie es durch direkte Wahrnehmung [Sruti] und Schlussfolgerung [Smriti] bekannt ist.

Kommentar: Ein verkörperter Gott ist kein Widerspruch zu den Veden.

Referenz: Manu 1.21

1.3.29 Aus diesem Grund folgt auch die Ewigkeit der Veden.

Referenz: Rg Veda 10.71.3

1.3.30 Und aufgrund der Gleichheit der Namen und Formen in jedem neuen Schöpfungszyklus gibt es keinen Widerspruch [zur Ewigkeit der Worte in den Veden], auch nicht in der Drehung der Weltzyklen, so wie es die Sruti und Smriti beschreiben.

Kommentar: Namen und Formen wiederholen sich in alle Zyklen. Während Pralaya bleiben sie latent.

Referenz: Rg Veda 10.190.3

1.3.31 Aufgrund der Unmöglichkeit [dass die Götter qualifiziert sind] der Madhu Vidya usw., ist Jaimini der Meinung, dass die Götter nicht qualifiziert sind [weder für Upasana noch für Brahma Vidya oder die Erkenntnis des Selbst].

Kommentar: Jamini behauptet: Die Götter sind für Meditation nicht qualifiziert.

Referenz: Ch. 3.1.11

1.3.32 Und [die Götter sind nicht für Vidyas qualifiziert], weil sie [die Worte „Sonne, Mond" usw., von denen als Götter gesprochen wird] im Sinne von reinen Lichtsphären verwendet werden.

Kommentar: Götter als Sphären des Lichts sind nicht für die Meditation qualifiziert.

1.3.33 Aber Badarayana hingegen behauptet die Existenz [der Qualifikation der Götter für Brahma Vidya]; denn es gibt sie [Textstellen, die darauf hinweisen; Körper, Wünsche usw., die einen für eine solche Erkenntnis qualifizieren].

Kommentar: Badarayana sagt, dass Götter für die Meditation qualifiziert sind.

Referenz: Ch. 8.12.6

Thema 9 - Das Recht der Sudras auf das Studium der Veden wird diskutiert

1.3.34 [König Janasruti] war in Trauer, als er einige verächtliche Worte hörte, die der Weise in Form eines Schwans über ihn sagte; dank seines sich nähernden Raikva, der ihn mit dieser Trauer überwältigte, nannte ihn Raikva, Sudra; denn auf ihn [die Trauer] wird von Raikva hingewiesen.

Referenz: Ch. 4.2-3

1.3.35 Und weil die Kshatriya [von Janasruti] vom folgenden Merkmal [die er durch seine Erwähnung erhalten hat] später mit Chaitraratha [der selbst ein Kshatriya war] bekannt ist.

Kommentar: Sudras sind nicht für das Wissen qualifiziert.

1.3.36 Weil Reinigungszeremonien erwähnt werden [im Falle der zweimal Geborenen] und ihre Abwesenheit erklärt wird [im Falle der Sudra].

Kommentar: Ohne Studium, Meditation und Einweihung kann man keine Selbsterkenntnis erlangen.

Referenz: Pr. 1.1, Manu X.12.6

1.3.37 Und aufgrund der Neigung zur Feststellung der Abwesenheit von Sudras [im Jabala Satyakama].

Kommentar: Die Ehrlichkeit von Satyakama obwohl seine Geburt nicht bekannt war, wurde trotzdem in das Wissen eingeweiht.

Referenz: Ch. 4.4.5

1.3.38 Und aufgrund des Verbots im Smriti, [die Sudras] zu hören, zu studieren und zu verstehen [die Veden] und vedische Riten durchzuführen [sie haben keinen Anspruch auf das Wissen von Brahman].

Kommentar: Nur der Eingeweihte kann die Veden lesen oder hören.

Thema 10 - Prana, in dem alles schwingt, ist Brahman

1.3.39 [Prana ist Brahman] aufgrund der Vibration oder der Schwingungen [auf die ganze Welt bezogen].

Referenz: Ka. 2.3.2

Thema 11 - Das Licht ist Brahman

1.3.40 Das Licht [ist Brahman], weil es [Brahman] gesehen wird [in der Schriftstelle].

Referenz: Ch. 8.12.3

Thema 12 - Akasa ist Brahman

1.3.41 Akasa [ist Brahman], weil es etwas anderes ist usw. [als Namen und Formen].

Kommentar: Akasa offenbart Namen und Formen. In dem alle Namen und Formen enthalten sind, ist Brahman selbst.

Referenz: Ch. 8.14.1

1.3.42 Weil das höchste Selbst in den Zuständen von Tiefschlaf und Tod als verschieden [vom Jiva] dargestellt wird.

Referenz: Br. 4.3.7, Br 4.3.21

1.3.43 [Das Wesen, auf das in Sutra 42 Bezug genommen wird, ist Brahman] aufgrund der Worte „Herr" usw., die auf ihn verweisen. „Er ist der Lenker, der Herrscher, der Herr von allen. Br. 4.4.22."

Kommentar: Der Lenker und der Herrscher von allen ist Brahman.

Referenz: Br. 4.4.22

TEIL 1 - PADA 4

Thema 1 - Die Mahat und Avyakta der Katha Upanishade beziehen sich nicht auf die Samkhya Materie

1.4.1 Falls behauptet wird, dass in einigen [Rezensionen der Veden] das, was abgeleitet [Pradhana [Materie]] ist, auch erwähnt wird, so sagen wir nein, weil [das Wort „Avyakta", das in der Katha Upanishade vorkommt] in einem Gleichnis erwähnt wird, das sich auf den Körper bezieht [und nicht auf die Pradhana [Materie] der Samkhyas]; im Sruti wird es auch erklärt.

Kommentar: Avyakta bezieht sich in diesem Kontext auf den Körper und nicht auf die Materie. Kosmisch gesehen, jenseits von Mahat [der Schöpfung] ist das Nicht-Manifestierte [Avyakta]. Jenseits von Avyakta ist der Purusha [Brahman].

Referenz: Ka. 1.3.11

1.4.2 Aber das Subtile [der Körper ist mit dem Begriff Avyakta gemeint] aufgrund seiner Fähigkeit [so bezeichnet zu sein].

Kommentar: Das Nicht-Manifestierte bezeichnet den subtilen kausalen Körper [Karana Sarira].

Referenz: Br. 1.4.7

1.4.3 Aufgrund seiner Abhängigkeit [vom Herrn kann ein solcher früherer, zukunftsträchtiger Zustand der Welt zugelassen werden, weil eine solche Zulassung] akzeptabel ist.

Kommentar: Der kausale Zustand [Avyakta, Aksara, Maya] ist abhängig von Brahman.

Referenz: Br. 3.8.11, Mu. 2.1.2, Sv. 4.10

„Es ist das kausale Potenzial, das Brahman innewohnt. Die Natur von diesem kausalen Potential ist Unwissenheit." [Swami Sivananda]

1.4.4 Und weil es nicht erwähnt wird [Avyakta kann nicht die Pradhana [Materie] der Samkhyas sein].

Kommentar: Sruti behauptet nie das man das Nicht-Manifestierte „verstehen" oder als erste Ursache betrachten soll. Das Ziel ist Brahman und nicht das Nicht-Manifestierte.

1.4.5 Und wenn sie behaupten, dass der Text von der Pradhana [Materie] als Objekt des Wissens spricht, lehnen wir es ab; denn das intelligente [höchste] Selbst ist aufgrund der allgemeinen Thematik gemeint.

Kommentar: Weder das Nicht-Manifestierte noch die Materie sind als „Ziel" in diesem Kontext gemeint, sondern Brahman selbst.

Referenz: Ka. 2.3.15

1.4.6 Und es gibt Fragen und Erklärungen, die sich nur auf drei Dinge Brahman, Jiva und das Feuer beziehen [nicht auf die Pradhana [Materie]].

1.4.7 Und es [der Fall des Begriffs Avyakta] ist so wie der des Begriffs Mahat.

Kommentar: Avyakta ist verschieden von Mahat der Samkhyas.

Referenz: Ka. 1.3.10, Sv. 3.8

Thema 2 - Die dreifarbige Aja der Svetasvatara Upanishade ist nicht die Pradhana [Materie] der Samkhyas

1.4.8 [Es kann nicht behauptet werden, dass „Aja" die Pradhana [Materie] bedeutet], da keine besondere Eigenschaft angegeben ist, so wie im Falle des Bechers.

Kommentar: Aja ist nicht die Pradhana [Materie].

Referenz: Sv. 4.5

1.4.9 Aber [die Elemente] beginnend mit Licht [sind mit dem Begriff Aja gemeint].

Kommentar: „Aja" ist der kausale Zustand als Basis für Feuer, Wasser und Erde. Die drei Farben entsprechen den drei Gunas.

Referenz: Ch. 6.2.4

1.4.10 Und aufgrund der Behauptung [einer Metapher] widerspricht es nicht der Vernunft [mit Aja bezeichnen sie die kausale Materie] so wie im Fall von Honig [die Sonne in der Madhu Vidya um der Meditation willen] und ähnlichen Fällen.

Kommentar: Aja [„ungeboren"] als kausale Metapher. Die Beschreibung der Natur als Aja ist eine imaginäre Art, die Wahrheit zu lehren.

Referenz: Ch. 3.1, Br. 5.8

Thema 3 - Die fünffachen fünf Pancha-Panchajanah aus der Br. 4.4.17 sind nicht die fünfundzwanzig Kategorien der Samkhyas

1.4.11 Selbst aus der Anzahl [fünf-fünf-fünf, daher fünfundzwanzig Kategorien im Sruti ist es] nicht [im Sruti zu verstehen, dass sich das auf die Pradhana [Materie] bezieht] aufgrund der Unterschiede [in den Kategorien und dem Überschuss der Anzahl der Samkhya Kategorien].

Kommentar: Die fünfachen Fünf unterstützen nicht die Samkhyas.
Referenz: Br. 4.4.17

1.4.12 [Die Panchajana oder die fünf genannten Personen sind] der vitale Atem [Prana] usw. aus dem ergänzenden Abschnitt.

Kommentar: Die fünf genannten Personen sind Prana usw.

Referenz: Br. 4.4.21, Ch. 3.13.6

1.4.13 Im Text einiger [der Kanva Rezension], in denen die Nahrung nicht erwähnt wird [die Zahl fünf setzt sich zusammen], wird „Licht" [im vorigen Vers erwähnt].

Referenz: Br. 4.4.10

Thema 4 - Brahman ist die erste Ursache

1.4.14 Obwohl es einen Konflikt der Vedanta Texte bezüglich der Dinge gibt, die erschaffen wurden, wie z. B. Raum und so weiter, gibt es keinen solchen Konflikt mit Bezug auf Brahman als erste Ursache, da er in einem Text dargestellt wird, wie auch in anderen Texten beschrieben.

Kommentar: Brahman allein ist die Ursache.

Referenz: Tai. 2.1.1, Tai. 2.7, Pr. 4.4, Ch. 6.2.3, Ch. 3.19.1, Ch. 6.2.1

1.4.15 Aufgrund des Zusammenhangs [bei Textstellen, die über Brahman handeln, bedeutet Nicht-Existenz nicht absolute Nicht-Existenz].

Kommentar: Nicht-Existenz [Asat] ist „nicht-manifestierte Existenz". Das Wort „Asat" bezieht sich nicht auf Materie oder absolutes Nicht-Sein.

Referenz: Tai. 2.7, Ch. 6.1.2, Br. 1.4.7

Thema 5 - Wer die Sonne, den Mond usw. erschaffen hat, ist Brahman und nicht Prana [die Lebenskraft oder vitaler Atem] oder Jiva

1.4.16 [Er, dessen Werk dies ist, ist Brahman], weil [das „Werk"] die Welt bezeichnet.

Referenz: Kau. 4.19, Kau. 4.20, Br. 3.9.9

1.4.17 Falls das aufgrund folgender Merkmale des Jiva und der Lebenskraft [Prana] behauptet wird, ist Brahman nicht mit dem Wort Materie in der zitierten Textstelle bezeichnet, so antworten wir, das wurde bereits erklärt.

Kommentar: Jiva und Prana sind damit nicht gemeint, das wurde bereits erklärt.

Referenz: Brahma Sutra 1.1.31

1.4.18 Aber Jaimini meint, dass der Bezug auf die einzelne Seele [Jiva] im Text aufgrund der Frage und der Antwort einen anderen Zweck erfüllt; außerdem auch einige andere [die Vajasaneyins] in ihrem Text].

Kommentar: Jaimini und andere behaupten „In diesem Kontext ist nicht der Jiva gemeint."

Referenz: Kau. 4.19, Kau. 4.20

1.4.19 [Das Selbst zu sehen, zu hören usw. ist das Höchste Selbst] aufgrund der damit verbundenen Bedeutung der Sätze.

Kommentar: In diesem Kontext ist Brahman gemeint.

Referenz: Br. 4.5.6

1.4.20 [Die Tatsache, dass der Jiva als Objekt der Verwirklichung gelehrt wird, ist ein] Indikatorzeichen, das es ein Beweis für den Satz ist; so denkt der Weise Asmarathya.

Kommentar: Brahman und Jiva sind als Essenz eins.

1.4.21 Die erste Aussage identifiziert den Jiva [individuelle Seele] mit Brahman oder dem höchsten Selbst, weil der Jiva, wenn er [vom Körper] abreist, eine solche ist [eine mit dem höchsten Selbst]; so denkt der Weise Audulomi.

Kommentar: Ein befreiter Jiva [Selbsterkenntnis] wird Brahman.

Referenz: Mu. 3.2.8

1.4.22 [Die erste Aussage wird deshalb gemacht], weil das höchste Selbst im Zustand [des Jiva] existiert; so denkt der Weise Kasakritsna.

Kommentar: Das höchste Selbst wird selbst zum Jiva, das höchste Selbst lebt als Jiva. Der Jiva ist nur scheinbar von

Brahman, aufgrund der Upadhis begrenzt die aus der Unwissenheit entstehen. Nach der Selbsterkenntnis gibt es keinen Unterschied zwischen Brahman und Jiva.

Thema 7 - Brahman ist beides, die intelligente als auch die materielle Ursache der Welt

1.4.23 [Brahman ist] die materielle Ursache auch deshalb, weil dies [diese Ansicht] nicht im Widerspruch zu den Behauptungen und den Illustrationen [im Sruti zitiert] steht.

Kommentar: Brahman ist auch die materielle Ursache.

Referenz: Mu. 1.1.3, Pr. 6.3.3, Pr. 6.3.4, Ch. 6.14

1.4.24 Aufgrund des Willens oder der Reflexion [von Seiten des höchsten Selbst zu erschaffen, ist es die materielle Ursache].

Kommentar: Durch den Willen sich selbst zu manifestieren ist er die intelligente als auch materielle Ursache.

Referenz: Tai. 2.6.1

1.4.25 Und weil im Sruti behauptet wird, dass beide [der Ursprung und die Auflösung des Universums] Brahman als ihre materielle Ursache haben.

Kommentar: Alles entsteht aus Brahman und löst sich wieder in Brahman auf.

Referenz: Tai. 3.1, Ch. 1.9.1

1.4.26 [Brahman ist die materielle Ursache der Welt], weil er sich selbst durch Veränderung erschaffen hat.

Kommentar: Brahman hat sich selbst „scheinbar" erschaffen. „Sich selbst" bedeutet durch kein anderes Instrument.

Referenz: Tai. 2.7

1.4.27 Und weil [Brahman] die Ursache genannt wird.

Kommentar: Alle Erscheinungen sind „scheinbar" seine Manifestationen. Die Schöpfung ist vom Schöpfer nicht getrennt.

Referenz: Tai 2.7, Mu. 1.1.6, Mu. 3.1.3

Thema 8 - Argumente, die die Samkhyas widerlegen, widerlegen auch andere

1.4.28 Hierdurch werden alle [die Lehren über den Ursprung der Welt, die den Vedanta Schriften entgegengesetzt sind] erklärt.

TEIL 2 - PADA 1

Thema 1 - Widerlegung von Smritis die nicht auf den Srutis basieren

2.1.1 Wenn man behaupt, dass aus der Lehre von Brahman als Ursache der Welt der Fehler entstehen würde, dass bestimmte Smritis keinen Sinn erfüllen, so sagen wir nein, weil [durch die Ablehnung dieser Lehre] der Mangel für andere Smriti entstehen würde.

Kommentar: Um Pradhana [Materie] als Ursache zu akzeptieren würde Smritis wie die Bhagavad Gita nutzlos machen. Nirguna Brahman wird als intelligente und materielle Ursache betrachtet, so auch in der Bhagavad Gita. Smritis die nicht auf Srutis basieren müssen verworfen werden.

2.1.2 Und es gibt keine Erwähnung [in den Schriften] von anderen [daher über die Auswirkungen der Pradhana [Materie] der Samkhya Philosophie].

Kommentar: Adi Shankara hat bewiesen, dass wir „Mahat" entweder als die kosmische Intelligenz oder Hiranyagarbha oder als individuelle Seele verstehen müssen aber auf keinen Fall wie „Mahat" der Samkhya Philosophie.

Thema 2 - Widerlegung der Yoga Philosophie

2.1.3 Damit wird [auch] die Yoga-Philosophie widerlegt.

Kommentar: Yoga dient als Unterstützung, um den Geist [Verstand] besser konzentrieren zu können. Da die Samkhya und Yoga Philosophie an die Dualität glaubt, ist somit die Yoga Philosophie zu widerlegen.

Referenz: Sv. 2.8, Sv. 3.8, Sv. 6.13, Br. 2.4.5, Kat. 2.3.11, Ja. 4.7

Thema 3 - Brahman kann die Ursache der Welt sein, obwohl seine Natur anders ist

2.1.4 [Der Gegner behauptet] Brahman kann nicht die Ursache der Welt sein, weil diese [die Welt] eine andere

Natur [von Brahman] besitzt und ihr Wesen laut den Schriften [anders als Brahman] ist.

2.1.5 Aber der Hinweis bezieht sich auf die vorsitzenden Götter [der Organe] aufgrund der besonderen Charakterisierung und auch aufgrund der Tatsache, dass eine Gottheit den Vorsitz hat.

2.1.6 Aber es [eine solche Gliederung des Lebens aus der Materie] wird auch erkannt.

Kommentar: Was auch immer im Universum existiert sind „scheinbare" Effekte von Brahman. Die Ursache und ihre Effekte [Schöpfung] sind sich daher nicht ähnlich. Aber die Ursache selbst wird auch im Effekt gefunden so wie Gold in Goldornamente daher das absolute Bewusstsein als Essenz.

Referenz: Mu. 1.1.7

2.1.7 Wenn behauptet wird, dass die Welt als Effekt vor ihrer Entstehung oder Erschaffung nicht existiert], so sagen wir nein, weil es eine bloße Negierung [ohne jegliche Grundlage] ist.

Kommentar: Der Effekt kann niemals unabhängig von der Ursache existieren, egal ob vor oder nach der Schöpfung[pralaya]. Der Effekt existiert immer in einer Form der Ursache selbst [Brahman].

Referenz: Br. 2.4.6

2.1.8 Aufgrund der Auswirkung zur Zeit der Pralaya oder der großen Auflösung [die Ursache die sich zum Effekt entwickelt] ist die bisherige Lehre [das Brahman die Ursache des Universums ist] absurd.

Kommentar: Brahman wird durch Pralaya [kosmische Auflösung] nicht beeinflusst. Der Effekt während Pralaya kann nicht unabhängig von Brahman existieren.
Die Formen und die Größe der Tonkrüge werden im Ton selbst nie gefunden. Deshalb kann Brahman dadurch nicht beeinflusst werden, egal ob vor oder nach der „scheinbaren" Schöpfung. Unwissenheit [Avidya] existiert auch während Pralaya, jedoch werden befreite Seelen davon nicht mehr beeinflusst.

2.1.9 Aber dem ist nicht so aufgrund der Existenz von Illustrationen.

Kommentar: Brahman wird durch Pralaya nicht beeinflusst. Eine Kobra ist nicht von ihrem Gift betroffen und ein Magier nicht von seinen magischen Illusionen. Brahman ist von der Maya nicht betroffen.

„Während Pralaya bleibt Avidya oder Unwissenheit in einem potenziellen Zustand. Solange Avidya oder Unwissenheit existiert, wird es Schöpfung und Auflösung geben, so wie ein Mensch nach einem Schlaf aufwacht." [Swami Sivananda]

Referenz: Br. 2.4.6, Mu. 2.2.11, Ch. 7.25.2, Ch. 3.14.1

2.1.10 Und aufgrund der Einwände [die von den Samkhyas gegen die Vedanta-Lehre erhoben werden] treffen diese auch für sie [Samkhya] zu.

Kommentar: Laut der Samkhya Philosophie löst sich während der kosmischen Auflösung [Pralaya] alles auf und wird eins mit der Materie.

2.1.11 Wenn behauptet wird, dass wir aufgrund von keinem endgültigen Entschluss der Argumentation unsere Schlussfolgerungen anders formulieren müssen; [so antworten wir] auch dort würde keine Lösung erfolgen.

Kommentar: Selbsterkenntnis ist ohne Hilfe der Upanishaden nicht möglich.

Referenz: Ka. 1.2.9

Thema 4 - Die Argumentationslinie gegen die Samkhyas ist auch gegen andere wie Atomisten oder [Kanada, Gautama, Akshapada, Buddhistische, usw.] gültig

2.1.12 Hierdurch [durch die Argumente gegen die Samkhyas] werden andere Theorien, die von den weisen oder kompetenten Personen nicht akzeptiert werden, erklärt oder widerlegt.

Kommentar: Was die Natur des Atoms betrifft, so gibt es keine einheitliche Meinung. Kanada und Gautama halten sie für dauerhaft, die vier buddhistischen Schulen halten sie für vergänglich.
Die Vaibhashika Bauddhas betrachten die Atome als vorübergehend obwohl ihrer objektiven Existenz [Kshanikam artha-bhutam]. Die Yogachara Bauddhas behaupten, sie wären nur geistig [Jnanarupam].
Die Madhyamikas halten sie für grundsätzlich leer [Sunya-rupam]. Die Jains halten sie für real und unwirklich [Sad-asad-rupam].

Thema 5 - Die Unterschiede zwischen Genießer und Genuss widersprechen nicht der Einheit

2.1.13 Wenn behauptet wird [das Brahman die Ursache ist], weil sie [die Gegenstände des Genusses] sich in den Genießer transformieren, würde es eine keine Unterscheidung [zwischen dem Genießer und dem Genuss] geben, so antworten wir, dass es dennoch eine solche Unterscheidung geben kann, sowie sie in der [empirischen] Welt erfahren wird.

Kommentar: Es ist möglich das eine Einheit und eine scheinbare Vielfalt existieren. Ein Ozean [als Wasser selbst] besteht aus einer scheinbaren Vielfalt [Wellen, Blasen usw.]. Aus relativer Sicht existiert die scheinbare Vielfalt. Aus absoluter Sicht von Brahman sind sie eins, weil nur Brahman allein existiert.

Thema 6 - Das Universum [Effekt] ist von Brahman [Ursache] nicht verschieden

2.1.14 Die Nicht-Differenzierung von ihnen [daher von Ursache und Effekt] ergibt sich aus Bezeichnungen wie „Ursprung oder Anfang" und dergleichen.

Kommentar: Nichts existiert getrennt von Brahman. Namen und Formen [Namarupa] haben ihren Ursprung nur in der Sprache.

2.1.15 Und [weil] nur aufgrund der Existenz [der Ursache] der Effekt erfahren wird.

Kommentar: Der Effekt wird nur wahrgenommen, wenn die Ursache in ihm vorhanden ist. Die Phänomene des Universums manifestieren sich, weil Brahman existiert. Sie können nicht ohne Brahman erscheinen. Daher unterscheidet sich die Welt [Effekt] nicht von Brahman [Ursache].

Referenz: Ch. 6.8.4

2.1.16 Und aufgrund der späteren [d.h. der Effekt, die nach der Ursache kommt] Existenz [als Ursache vor der Schöpfung].

Das Universum existierte latent im Brahman vor der Schöpfung.
Referenz: Ch. 6.2.1, Br. 1.4.10; Ai 1.1

2.1.17 Falls behauptet wird, dass es [die Wirkung] als „das was nicht ist", beschrieben wird, [die Wirkung vor der Schöpfung existiert], so antworten wir, dem ist nicht so, weil der Begriff „das, was nicht ist" ein anderes Merkmal oder Attribut bezeichnet [wie aus dem letzten Teil des Textes ersichtlich ist].

Kommentar: Nicht-Existenz [Asat] ist nicht-manifestierte Existenz.

Es ist absurd zu sagen, dass absolute Nicht-Existenz „Asat" existiert. Deshalb bedeutet „Sat" manifestiert [als Namen und Formen], während „Asat" „fein, subtil und nicht-manifestiert" bedeutet. Existenz und Nicht-Existenz sind nur zwei verschiedene Zustände.

Referenz: Tai. 2.7.1, Ch. 3.19.1, Rig Veda 10.129, Atharva Veda 10.7.25

2.1.18 Aus der Argumentation und aus einem anderen Sruti Text.

Kommentar: Durch Kontemplation und einem Sruti Text wird die Beziehung zwischen Ursache und Effekt hergestellt. Wäre der Effekt eine „absolute Nicht-Existenz" vor einem Ursprung würde kein Grund existieren warum aus einer Milch, Butter entstehen kann.

Referenz: Ch. 6.2.1

2.1.19 Und so wie ein Stück Stoff.

Kommentar: Was als Ursache nicht-manifestiert [latent] existiert, wird als Effekt [Universum] manifestiert. Da sich ein Stück Stoff nicht von den Fäden unterscheidet, so unterscheidet sich der Effekt [Welt] nicht absolut von der Ursache [Brahman].

2.1.20 Und so wie bei den verschiedenen Pranas oder vitalen Lebensenergien.

Kommentar: Die verschiedenen Pranas [Effekte] sind von der obersten Prana [Ursache] nicht verschieden, sondern nur Manifestationen von ihr.

Referenz: Ch. 6.1.3

Thema 7 - Brahman ist für die Erschaffung des Bösen nicht verantwortlich

2.1.21 Da die andere [der Jiva] als nicht verschieden von Brahman bezeichnet wird, würden [in Brahman] Fehler entstehen, nicht das zu tun was förderlich ist und Ähnlichem.

Referenz: Ch. 6.8.7

2.1.22 Aber [Brahman als Schöpfer ist] mehr [als die einzelne Seele] aufgrund der Aussage in den Srutis [wegen der Differenz] zwischen der einzelnen Seele und Brahman.

Kommentar: Aber Brahman als Schöpfer ist größer als der Jiva.
Die Unterschiede sind nur „scheinbar", nicht absolut wirklich. Aus Sicht der absoluten Realität [Brahman] gibt weder einen Schöpfer noch einen Jiva.   Brahman alleine existiert.

Referenz: Br. 2.4.5

2.1.23 Und weil der Fall ähnlich so wie bei Steinen usw. ist [die aus der gleichen Erde hergestellt werden], ist der Einwand unhaltbar.

Kommentar: Aus dem Material Erde können unterschiedliche Formen z. B. Diamanten, Lapislazuli, Kristalle „erschaffen" werden.

Thema 8 - Wie Brahman [ohne Mittel und Instrumente] die Welt erschafft

2.1.24 Wenn sie behaupten, dass Brahman ohne Instrumente [ohne Hilfe] nicht die Ursache des Universums sein kann, da ein Handelnder für irgendeine Konstruktion Materialien sammeln muss, so sagen wir, nein, denn es ist so wie Milch [die sich in Topfen transformiert].

Kommentar: Milch wird selbst in Topfen „umgewandelt". In der Milch selbst ist kein „Handelnder" und kein „externes Material" erforderlich, um sie in Topfen umzuwandeln.

Ähnlich einer Spinne die Fäden ihres Netzes aus sich herausprojiziert [erzeugt].

Referenz: Sv. 6.8

2.1.25 Im Fall von Brahman, der die Welt erschafft, wie der von Göttern und anderen Wesen in der Welt [aufgrund gewöhnlicher Erfahrung].

Kommentar: So wie es Götter und Yogis können [Wunder ausführen, bestimmte Fähigkeiten], warum sollte es der Allwissende Brahman nicht können?

Thema 9 - Brahman ist die materielle Ursache der Welt, obwohl er selbst unteilbar ist

2.1.26 Entweder muss die Konsequenz des Gesamten [d. h. Brahman modifiziert sich] akzeptiert werden, oder es ist ein Verstoß gegen die Texte, die Brahman als unteilbar erklären [wenn Brahman die materielle Ursache der Welt ist].

2.1.27 Aber [das ist nicht so] aufgrund der Schriftstellen und wegen ihm [Brahman] allein, auf dem die Schriften basieren.

Kommentar: Srutis behaupten, dass sich Brahman weder transformiert, noch geteilt wird.
Die Schriften erklären „Brahman ist unteilbar". Wie können sich dann Teile manifestieren? Nur aufgrund der Unwissenheit [Avidya].

2.1.28 Und weil ein Jiva auch [wie Götter, Magier in Träume usw.] verschiedene Schöpfungen manifestiert. So ähnlich [auch bei Brahman].

Kommentar: So wie ein Magier verschiedene Illusionen erschafft, ohne sich dabei selbst zu verändern.

2.1.29 Die gleichen Einwände gelten auch für die Gegner [z. B. Samkhyas und Atomisten].

Thema 10 - Brahman besitzt alle mächtigen Kräfte

2.1.30 Und [Brahman ist] mit allen Kräften ausgestattet, weil es so [aus den Schriften] beschrieben wird.

Kommentar: Brahman ist allmächtig, so wie aus den heiligen Schriften hervorgeht. Daher liegt es vollkommen in seiner Macht, sich als die Welt mithilfe von Maya zu manifestieren aber gleichzeitig jenseits davon zu sein.

2.1.31 Wenn behauptet wird, dass er [Brahman] keine Organe hat und [er deshalb] nicht in der Lage ist, zu erschaffen, so antworten wir, dass dies bereits erklärt wurde.

Kommentar: Obwohl Brahman keine Organe besitzt, hat er die Welt durch Maya [Avidya daher Unwissenheit] erschaffen. Eine „Schöpfung" oder „Zerstörung" existiert es nur aus relativer Sicht.

Thema 11 - Brahmans Schöpfung hat kein Motiv außer einem sportlichen Impuls

2.1.32 [Brahman ist] nicht [der Schöpfer des Universums], weil [jeder Aktivität] ein Motiv vorausgesetzt wird.

2.1.33 Aber es [Brahmans schöpferische Tätigkeit] ist bloßer Sport, wie er in der Welt [oder im normalen Leben] betrachtet wird.

Kommentar: Die Schöpfung von Brahman ist so wie Sport ausgehend von seiner eigenen Natur, die ihm innewohnt und untrennbar ist.
So wie Kinder aufgrund ihrer Natur keine Motive beim "spielen" benötigen, oder die menschliche Atmung kein Motiv braucht, um zu atmen.
Vom Standpunkt des Absoluten gab es niemals eine Schöpfung.

Thema 12 - Unvollkommenheit und Grausamkeit können Brahman nicht zugeschrieben werden

2.1.34 Unvollkommenheit und Grausamkeit können nicht [Brahman zugeschrieben werden] aufgrund seiner Berücksichtigung [andere Gründe in dieser Angelegenheit, daher die Früchte der Handlungen [Karma] von individuellen Seelen], so wird es [in der Schrift] erklärt.

Kommentar: Das Gesetz des Karma ist allein verantwortlich. Die Gnade des Herrn ist so wie der Regen selbst, die Kraft mithilfe sich Samen [z. B. Getreide] entsprechend ihrer Natur manifestieren. Die Vielfalt von Schmerz und Leid ist auf die Vielfalt des Karma zurückzuführen. Der Unterschied zwischen den verschiedenen Manifestationen bezieht sich auf die verschiedenen Möglichkeiten, die in den jeweiligen Samen verborgen liegen.

2.1.35 Wenn behauptet wird, dass es [daher unter Berücksichtigung der Früchte von Handlungen] aufgrund der Einheit [Nicht-Unterscheidung] nicht möglich ist [Früchte von

159

Handlungen vor der Schöpfung], so sagen wir, nein, weil es [die Welt] ohne Anfang ist.

Kommentar: Karma und Schöpfung haben keinen Anfang. Es gab nie eine Zeit, die man als den „absoluten Anfang" bezeichnen könnte. Die Frage der „ersten Schöpfung" ergibt somit keinen Sinn.
Die Schöpfung und Zerstörung der Welt, die sich ständig durch Rotation fortsetzt, hat keinen Anfang und kein Ende. Der Zustand der Jivas in einem bestimmten Zyklus der Schöpfung ist durch ihre Handlungen im vorhergehenden Zyklus vorbestimmt.

Es kann nicht behauptet werden, dass kein Karma „vor der Schöpfung" existiert, weil Karma Anadi [ohne Anfang] ist. Die Schöpfung ist nur eine Projektion aus zuvor existierenden Samen des Karma [Maya oder die Totalität aller Vasanas].

2.1.36 Und weil [die Welt und auch das Karma ohne Anfang sind] es vernünftig ist und so beschrieben wurde [in den Schriften].

Referenz: Rig Veda X.190.3

Thema 13 - [Saguna] Brahman ist für die Schöpfung notwendig

2.1.37 Und weil alle Eigenschaften [die für die Erschaffung der Welt erforderlich sind] vernünftigerweise [nur in Brahman] gefunden werden, muss er als die materielle und intelligente Ursache des Universums anerkannt werden.

Kommentar: Brahman erscheint als dieses Universum, genauso wie ein Seil als Schlange erscheint. Alle Eigenschaften, die für die Ursache der Schöpfung benötigt werden [wie Allmacht, Allwissenheit], sind in Brahman aufgrund der Maya möglich.

TEIL 2 - PADA 2

Thema 1 - Widerlegung der Pradhana [Materie] der Samkhya Philosophie als erste Ursache

2.2.1 Das, was [von den Samkhyas, daher Pradhana [Materie]] abgeleitet wird, kann nicht die Ursache [der Welt] sein, weil es [in diesem Fall] aufgrund [der Berücksichtigung] der intelligenten Architektur oder der strukturierten Anordnung [der Schöpfung] nicht möglich ist.

Kommentar: Unbewegliche nicht-intelligente Materie [Pradhana] kann nicht die Ursache für die intelligente Ordnung der Schöpfung sein.

2.2.2 Und aufgrund der [Unmöglichkeit der] Tätigkeit.

Kommentar: Unbewegliche nicht-intelligente Materie [Pradhana] hat als Schöpfungsursache kein Motiv. Von selbst [aus nichts] wird Ton niemals zu einem Tongefäß ohne Hilfe eines intelligenten Töpfers.

2.2.3 Wenn behauptet wird das sie [Pradhana [Materie]] sich bewegt oder sich spontan in verschiedene Effekte verändert wie Milch oder Wasser [ohne Intelligenz], so antworten wir, dass auch da eine [Intelligenz] vorhanden ist.

Kommentar: Eine lebendige Kuh gibt ihrem Kalb Milch und nicht umgekehrt. Der Regen fällt nicht von unten nach oben.

Hinter jedem Naturgesetz gibt es eine einzige intelligente Ursache, das ist Brahman.

2.2.4 Und weil sie [Pradhana [Materie]] nicht abhängig [von irgendetwas] ist, existieren deshalb keine äußeren Mittel.

Kommentar: Die Pradhana [Materie] der Samkhyas ist leblos. Sie kann nicht aus sich selbst aktiv werden.

2.2.5 Und [es kann] nicht [behauptet werden, dass sich Pradhana [Materie] spontan verändert] so wie Gras, usw. [das sich in Milch verwandelt] aufgrund der Abwesenheit an anderer Stelle [als bei den weiblichen Tieren].

Kommentar: Die spontane Veränderung der Pradhana ist nicht möglich. Gras wird nicht spontan in Milch umgewandelt. Es ist der intelligente Schöpfer, die Ursache der kosmischen Ordnung und deren Effekte.
Kuh ==> frisst Gras ==> erzeugt Milch.

2.2.6 Selbst, wenn wir es zugeben [daher die Behauptung der Samkhyas mit Bezug auf die spontane Veränderung der Pradhana [Materie]] kann sie trotzdem nicht die Ursache des Universums sein, weil dass es keinen Zweck erfüllt.

Kommentar: Auch wenn sich Pradhana [Materie] spontan verändern könnte, erfüllt es keinen Zweck. Es ist daher unmöglich, dass Pradhana für den Zweck einer Seele lebendig wird, da die Seele laut Samkhya bereits perfekt und frei ist.

2.2.7 Wenn behauptet wird [dass der Purusha oder die Seele, Pradhana [Materie] leiten oder bewegen kann], dass ein [schwacher] Mensch einen Blinden leiten kann, oder so wie ein Magnet [Eisen bewegt], auch dann kann die Schwierigkeit nicht überwunden werden.

Kommentar: Ein Nicht-Handelnder, anderer Purusha kann die Materie nicht leiten.
Laut Samkhya ist der Purusha und die Pradhana getrennt und unabhängig. Pradhana ist nicht intelligent, träge und unabhängig. Der Purusha ist bereits perfekt. Niemand sonst [als ein drittes Prinzip] existiert, um sie zusammenzubringen. Daher kann es keine Verbindung zwischen ihnen geben.

Laut Vedanta ist die Natur von Brahman als Nicht-Aktivität charakterisiert [absolutes Bewusstsein] und zur gleichen Zeit durch die Macht der innewohnenden Maya wird Brahman selbst zum Schöpfer.
Brahman selbst ist nicht-aktiv aber „scheinbar" durch Maya aktiv. So wird seine schöpferische Kraft erklärt. Er ist über dem Purusha der Samkhyas.

2.2.8 Und auch weil das Verhältnis der Übergeordneten [und der untergeordneten Materie] unmöglich ist [zwischen den drei Gunas].

Kommentar: Die drei Gunas sind voneinander unabhängig. Sie sind vor der Schöpfung in einem Zustand des Gleichgewichts. Im Zustand der Pradhana ist kein Guna dem anderen übergeordnet oder untergeordnet. Dieses Gleichgewicht kann nicht durch eine externe Kraft „gestört" werden. Die Gunas können ihre Position nicht von selbst ändern, deshalb wäre eine Schöpfung unmöglich.

2.2.9 Auch wenn andere Behauptungen erwähnt werden, fehlt Pradhana [Materie] die Macht der Intelligenz.

Kommentar: Auch wenn Pradhana etwas modifizieren könnte, Pradhana ist leblos.

2.2.10 Und noch mehr ist [die Samkhya Philosphie] aufgrund ihrer Widersprüche anstößig.

Kommentar: Die Samkhya Philosophie hat noch mehr Widersprüche.

Thema 2 - Widerlegung der Anschauung der Vaiseshika

2.2.11 [Die Welt kann von Brahman stammen], da das Große und das Lange aus dem Kurzen und dem Atomaren stammen.

Kommentar: Die Intelligenz von Brahman ist nicht in der Welt finden.

Thema 3 - Widerlegung der Atomtheorie der Vaiseshika

2.2.12 In beiden Fällen ist auch [in den Fällen der Adrishta, dem unsichtbaren Prinzip, das entweder den Atomen oder der Seele innewohnt] die Aktivität [der Atome] nicht möglich; also die Negierung dessen [Schöpfung durch die Vereinigung der Atome].

Kommentar: Da es am Anfang der Schöpfung keine Bewegung in den Atomen gab, konnten sie nicht zusammenkommen und ein Aggregat bilden. Was verursacht die Vereinigung der Atome? Adrishta oder das unsichtbare Prinzip kann nicht die Ursache für die erste Bewegung der Atome sein, weil Adrishta nicht intelligent ist. Es gibt keine Intelligenz, um Adrishta zu führen. Daher kann es nicht von selbst handeln.

2.2.13 Und weil infolge der Erlaubnis von Samavaya ein Regress ad infinitum aus ähnlichen Überlegungen resultiert [daher ist die Vaiseshika-Theorie unhaltbar].

Kommentar: Die verbindende Kraft, Samavaya, würde bis in die Unendlichkeit immer neue verbindende Kräfte brauchen.

2.2.14 Und aufgrund der permanenten Existenz [der Aktivität oder Nichtaktivität ist die Atomtheorie nicht zulässig].

Kommentar: Wären Atome aufgrund ihrer Natur immer aktiv, wäre die Schöpfung permanent. Keine Auflösung [Pralaya] bzw. „Zerstörung" wäre möglich.
Wären Atome aufgrund ihrer Natur immer inaktiv, würde es überhaupt keine Schöpfung geben, sondern nur Pralaya [Auflösung].
Sie können aber nicht beides gleichzeitig sein, immer aktiv und nicht-aktiv den das widerspricht sich.

2.2.15 Und aufgrund der Atome, die Farbe besitzen usw. das Gegenteil überwiegt [an dem die Vaiseshikas halten würden], weil es betrachtet oder beobachtet werden kann.

Kommentar: Aufgrund der Vaiseshika Philosophie besitzen Atome: Formen, Farben usw. Aber alles was Formen und Farben besitzt, ist nicht permanent, daher vergänglich.

2.2.16 Und aufgrund von Mängel in beiden Fällen [kann die Atomtheorie nicht akzeptiert werden].

Kommentar: Atome können weder nur eine oder mehr als eine Qualität besitzen. Würden Atome nur eine Qualität besitzen, dann dürfte z. B. Feuer keine Form haben. Hätten Atome mehrere Qualitäten, wäre es kein Atom mehr.

2.2.17 Und weil sie [die Atomtheorie] nicht akzeptiert wird [von anerkannten Weisen wie z. B. Manu und anderen], ist sie völlig abzulehnen.

Thema 4 - Widerlegung der Bauddha [Buddha]-Realisten

2.2.18 Selbst, wenn die [zwei Kategorien von] Aggregate von ihren beiden Ursachen ausgehen, würde es zu einer keiner Feststellung [der beiden Aggregate] kommen.

Kommentar: Die zwei Aggregate [die innerlich-mentale Welt und äußerlich-materielle Welt] können keine Formation bilden, weil ihre eigene Lehre behauptet, dass alles nicht länger als für einen Moment existiert.

2.2.19 Wenn behauptet wird, dass [die Bildung der Aggregate erklärt werden kann] sie durch [Unwissenheit] in der Beziehung der gegenseitigen Kausalität stehen, so sagen wir „nein"; sie sind lediglich die effiziente Ursache des Ursprungs [der unmittelbar nachfolgenden Verknüpfungen und nicht der Aggregation].

Kommentar: Würde die individuelle Seele „nur momentan existierten", was wäre dann ihre Befreiung? Da es keinen dauerhaften Genießer gibt, besteht für diese Aggregate keine Notwendigkeit.

2.2.20 Es kann auch keinen kausalen Zusammenhang zwischen der Unwissenheit usw. geben, weil bei der Entstehung der nachfolgenden Sache die vorhergehende aufhört zu existieren.

Kommentar: In dem Moment wo sich der Effekt manifestiert, ist die Ursache bereits verschwunden. Laut den Buddha

Realisten existiert alles von Moment zu Moment. Wenn alles nur momentan existiert, ergeben die Wörter Ursprung oder Zerstörung keinen Sinn.

2.2.21 Wenn von der Nicht-Existenz [der Ursache] ausgegangen wird [während noch die Wirkung eintritt], ergibt sich ein Widerspruch zum zugelassenen Prinzip. Andernfalls würde sich Gleichzeitigkeit [von Ursache und Wirkung] ergeben.

Kommentar: Wenn ein Effekt ohne Ursache existieren würde, könnte alles existieren. Wenn eine Ursache existiert, muss daher die Idee der „momentanen Existenz" aufgegeben werden.

2.2.22 Eine bewusste und unbewusste Zerstörung wäre aufgrund keiner Unterbrechung [der momentanen Existenz] nicht möglich.

Kommentar: Eine bewusste und unbewusste Zerstörung wäre aufgrund der momentanen Existenz nicht möglich.

2.2.23 Und aufgrund der in beiden Fällen vorgebrachten Einwände.

2.2.24 Die Ursache von Akasa [Raum] ist ebenfalls nicht verschieden.

Kommentar: Akasa kann keine Nicht-Entität sein, weil er sich indirekt durch den Klang beweisen lässt. Eine Nicht-Entität kann auch nicht ewig sein.

2.2.25 Und aufgrund der Erinnerung sind die Dinge nicht nur vorübergehend.

Kommentar: Erinnerungen wären aufgrund der momentanen Existenz nicht möglich.

2.2.26 Existenz oder Entität entspringt nicht aufgrund Nicht-Existenz oder Nicht-Entität, weil es nicht so betrachtet wird.

2.2.27 Und es [falls die Existenz aus der Nicht-Existenz entspringen sollte] würde sich daraus auch die Befreiung [moksha] durch gleichgültige und nicht aktiven Menschen ergeben.

Kommentar: Aus einer Nicht-Existenz kann nichts entstehen, denn dann würden inaktive Menschen alles erreichen.

Thema 5 - Widerlegung der Bauddha [Buddha]-Idealisten

2.2.28 Die Nicht-Existenz [der ewigen Dinge] kann nicht aufrechterhalten werden; aufgrund [unseres] Bewusstseins [der Wahrnehmungen].

Kommentar: Die Existenz ist nicht nur von mentaler Natur [daher Gedanken] weil unsere Ideen auf Wahrnehmungen zeigen und Wahrnehmungen auf externe Objekte.
Niemand hätte Freude mit einer „Nahrung aus Gedanken", wenn der physische Körper, Hunger empfindet.

2.2.29 Und aufgrund der Differenz in der Natur [zwischen dem Wachzustand und dem Traumzustand, der Erfahrung des Wachzustands] ist es nicht so wie Träume usw.

Kommentar: Der Wachzustand ist kein Traum, sondern verschieden. Träume sind innere Erfahrungen, der Wachzustand ist von allen Jivas abhängig.

2.2.30 Die Existenz [von Samskaras, Vasanas] ist nicht möglich [laut den Bauddhas], aufgrund der Abwesenheit von Wahrnehmung [der äußeren Dinge].

Kommentar: Mentale Eindrücke [Samskaras, Vasanas] wären aufgrund externer Objekte nicht möglich.

2.2.31 Und aufgrund der Vergänglichkeit [des Alayavijnana oder des Ich-Bewusstseins kann es nicht der Wohnsitz von Samskaras sein].

Kommentar: Das „momentan-existierende" Ego kann nicht der Wohnsitz von Samskaras [Vasanas] sein.

2.2.32 Und in jeder Hinsicht unlogisch [daher kann es nicht akzeptiert werden].

Thema 6 - Widerlegung der Jainas [Jaina Lehre]

2.2.33 Aufgrund der Unmöglichkeit von widersprüchlichen Eigenschaften in ein und derselben Sache zur gleichen Zeit [die Jaina Lehre] ist es daher nicht so [zu akzeptieren].

Kommentar: Laut den Jainas kann ein Objekt existieren oder auch nicht existieren.

2.2.34 Und auf die gleiche Weise ergibt sich aus der Jaina Lehre die Nicht-Universalität der Seele.

Kommentar: Laut den Jainas entspricht die Größe der Seele der jeweiligen Körpergröße und wäre daher begrenzt. Die Seele eines Kindes würde damit den Körper eines Erwachsenen nicht mehr entsprechen.

2.2.35 Es ist auch kein Widerspruch aus der Nachfolge aufgrund der Änderung usw. abzuleiten [der Seele].

Kommentar: Eine Veränderung der Seele könnte nicht ewig sein.

2.2.36 Und aufgrund der Kontinuität des Endes [die Größe der Seele bei Loslösung des Körpers] und der daraus resultierenden Kontinuität der beiden [vorhergehenden Größen] gibt es keinen Unterschied.

Kommentar: Die dauerhafte endgültige Größe der Seele bei Loslösung des Körpers kann davor keine Unterschiede gehabt haben.
Die verschiedenen Körper der Seele haben ein und dieselbe Größe und die Seele könnte nicht in größere und kleinere Körper eingehen.

Thema 7 - Widerlegung der Lehre, dass Gott nur die wirksame, nicht die materielle Ursache der Welt ist [Pasupata System]

2.2.37 Der Herr [kann nicht die effiziente oder operative Ursache der Welt sein] aufgrund der Inkonsistenz [dieser Lehre].

Kommentar: Die Anhänger dieser Schule erkennen Gott als die effiziente oder als die operative Ursache an. Sie erkennen die Materie als die materielle Ursache der Welt an. Diese Sichtweise widerspricht der Sicht des Sruti oder Vedanta, wo Brahman als die effiziente und materielle Ursache der Welt bezeichnet wird.

2.2.38 Und weil die Beziehung [zwischen dem Herrn und der Pradhana [Materie] oder den Seelen] nicht möglich ist.

Kommentar: Der Herr, der sich von der Pradhana und den Seelen unterscheidet, kann nicht der Herrscher der Letzteren sein, ohne mit ihnen auf eine bestimmte Weise verbunden zu sein.

2.2.39 Und aufgrund der Unmöglichkeit der Herrschaft [seitens des Herrn].

Kommentar: Sogar die Pasupatas geben zu, dass der Herr ewig ist. Es ist unhaltbar, dass der ewige Herr in einem vergänglichen Körper wohnt und somit von einer anderen zusätzlichen Ursache abhängig wird.

2.2.40 Wenn behauptet wird, dass der Herr die Pradhana [Materie] usw. lenkt, so wie der Jiva die Sinne regiert [die auch nicht wahrgenommen werden], so sagen wir, nein, aufgrund des Genusses, usw.

Kommentar: Es gibt keinen Beweis das der Herr die Pradhana [Materie] lenkt und deshalb zu einem Genießer wird oder Leid erfährt, denn dann würde Gott nicht mehr Gott sein.

2.2.41 [Aus ihrer Lehre würde sich ergeben, dass der Herr] der Zerstörung oder seiner Nicht-Allwissenheit unterworfen ist.

Kommentar: Hätte der Herr in dieser Lehre Sinnesorgane, dann wäre er der Vergänglichkeit unterworfen und würde seine Allwissenheit verlieren.

Thema 8 - Widerlegung der Bhagavata oder der Pancharatra Schule

2.2.42 Aufgrund der Unmöglichkeit der Entstehung [der einzelnen Seele vom höchsten Herrn], kann die Lehre der Bhagavatas oder der Pancharatra-Doktrin nicht akzeptiert werden.

Kommentar: Eine individuelle Seele kann nicht vom höchsten Herrn geboren werden. Wenn es eine solche Geburt einer individuellen Seele gäbe, wäre sie der Zerstörung unterworfen und daher könnte es keine Befreiung geben.

2.2.43 Und [es wurde] nicht [beobachtet], dass das Instrument aus dem Handelnden hergestellt wird.

Kommentar: Vom Handelnden können keine Instrumente entstehen.

2.2.44 Oder wenn diese [vier Vyuhas] unendliches Wissen besitzen sollen usw., wird das nicht abgelehnt [daher der Einwand in Sutra 42].

Die Bhagavatas mögen behaupten, dass alle Formen Vasudeva, der Herr sind und dass alle von ihnen gleichermaßen Wissen, Herrschaft, Stärke, Macht usw. besitzen und frei von Fehlern und Unvollkommenheiten sind. In diesem Fall würde es mehr als einen Isvara geben. Das würde ihrer   eigenen Lehre widersprechen, da in Realität nur ein heiliger Vasudeva existiert.

2.2.45 Und aufgrund der Widersprüche [ist die Pancharatra Schule unhaltbar].

Kommentar: Manchmal spricht die Schule von den vier Formen als Qualitäten des Atman und manchmal als Atman selbst.

TEIL 2 - PADA 3

Thema 1 - Raum [Akasa] ist nicht ewig, sondern [von Brahman] geschaffen

2.3.1 [Purvapakshin, daher der Gegner behauptet, dass] Raum [Akasa] keinen Ursprung hat, weil es im Sruti nicht erwähnt wird.

2.3.2 Aber es gibt einen [Sruti-Text, der besagt, das Akasa erschaffen wurde].

Referenz: Tai. 2.1

2.3.3 [Der Sruti Text über die Entstehung von Akasa] hat aufgrund der Unmöglichkeit [der Entstehung von Akasa] einen sekundären Sinn.

Kommentar: Das Wort „Akasa" wird in einem sekundären Sinne verwendet so wie „Raum schaffen", „es gibt Raum für".

2.3.4 Ebenfalls aus den Sruti-Texten [finden wir, dass Akasa ewig ist].

Referenz: Br. 2.3.3

2.3.5 Es ist möglich, dass das eine Wort [„entsprang" - Sambhutah] in einem sekundären und primären Sinn so wie das Wort Brahman verwendet werden kann.

Kommentar: „Die Nahrung ist Brahman."

Referenz: Tai. 2.1, Tai. 3.2, Tai. 3.6

2.3.6 Die [vedische] Behauptung [durch die Kenntnis von einem wird alles andere erkannt] kann nur dann davon unberührt bleiben, wenn sich alle Effekte von Brahman nicht unterscheiden; und dies wird durch vedische Texte bestätigt.

Kommentar: Das nichts außer Brahman eine unabhängige Existenz hat.

Referenz: Br. 2.4.6

2.3.7 Aber wo Effekte existieren, gibt es auch eine Trennung, so wie man es in der Welt sieht [oder im normalen Leben].

Referenz: Sv. 4.19, Br. 3.8.8, Br. 3.4.2

Thema 2 - Luft [Vayu] entsteht aus dem Raum [Akasa]

2.3.8 Damit wird die vorherige Erklärung, dass Akasa ein Effekt ist, [die Tatsache, dass Luft auch ein Effekt ist], erklärt.

Kommentar: Nur im bildlichen Sinn.

Referenz: Br. 1.5.22

2.3.9 Aber es gibt keinen Ursprung von dem, was ist [Brahman], aufgrund der Unmöglichkeit [eines solchen Ursprungs].

Referenz: Sv. 6.9, Ch. 6.2.2, Br. 4.4.25

Thema 4 - Feuer entsteht durch Luft

2.3.10 Feuer [entsteht] aus jenem [Luft], erklärt die Sruti.

Referenz: Tai. 2.1, Tai. 2.6, Mu. 2.1.3, Ch. 4.2.3

Thema 5 - Wasser wird aus Feuer produziert

2.3.11 Wasser [wird aus Feuer erzeugt].

Kommentar: Durch körperliche Hitze wird durch das Feuer [innere Hitze, Wärme] Wasser [Schweiß] produziert. Auch wenn ein Mensch traurig [emotionale Hitze] ist, weint er und so wird ebenfalls Wasser aus dem Feuer gewonnen.

Referenz: Tai. 2.1, Ch 6.2.3

Thema 6 - Erde entsteht durch Wasser

2.3.12 Die Erde aufgrund des Themas, der Farbe und anderer Srutis.

Kommentar: Die ergänzende Textstelle „wann immer es regnet" usw. bedeutet das „fruchtbare Erde" als Nahrung [z. B. Reis] aus Wasser entstehen kann.

Referenz: Tai. 2.1, Br. 1.2.2

Thema 7 - Schöpfung aus der Überlegung [Meditation] von Brahman

2.3.13 Er [Brahman] ist es, der durch tiefe Meditation über jedes Objekt [Schöpfungsprinzip] aufgrund seiner indikativen Merkmale erschaffen kann.

Referenz: Tai. 2.1, Tai. 2.6, Ch. 6.2.3, Br. 3.7.5

Thema 8 - Der Prozess der Auflösung erfolgt in umgekehrter Reihenfolge zur Schöpfung

2.3.14 Die Reihenfolge [in der die Elemente während der Pralaya oder Auflösung tatsächlich in Brahman zurückgezogen werden] ist die umgekehrte [die Reihenfolge, in der sie geschaffen werden] und dies ist vernünftig.

Thema 9 - Der Ursprung des Denkens und dem Verstand

2.3.15 Wenn behauptet wird, dass dazwischen [zwischen Brahman und den Elementen] der Verstand und der Geist [Denken] aufgrund ihrer Merkmale in der Reihenfolge [der Schöpfung und Auflösung wobei die Reihenfolge der Schöpfung gestört wird] entstehen, so sagen wir, dem ist nicht so aufgrund der Nicht-Differenz [des Verstands und des Denkens].

Referenz: Mu. 2.1.3, Ch. 6.2.3, Ch. 6.6.5

Thema 10 - Die Erwähnung von Geburt und Tod betrifft den Körper und metaphorisch die Seele

2.3.16 Aber die Erwähnung [Geburt und Tod der einzelnen Seele] betrifft nur den Körper der Wesen, der sich bewegt und sich nicht bewegt. Es ist metaphorisch, wenn sie [Geburt und Tod] im Kontext der [einzelnen] Seele verwendet werden, da die Existenz dieser Begriffe von der Existenz des Körpers abhängt.

Kommentar: Geburt und Tod betreffen den physischen Körper aber nicht die [einzelne] Seele.

Referenz: Ch. 6.11.3, Br. 4.3.8

Thema 11 - Die individuelle Seele [Jiva] ist ewig „Sie wurde nicht erschaffen"

2.3.17 Die einzelne Seele [Jiva] wurde nicht erschaffen, weil es nicht [so] in den Schriften erwähnt wird und weil sie aufgrund der Srutis, ewig ist.

Kommentar: Aitareya Upanishade 1.1 erklärt „Zu Beginn der Schöpfung gab es nur einen Brahman ohne einen Zweiten."

Referenz: Ka. 1.2.18, Tai. 2.6, Ch. 6.3.2, Br. 2.1.10, Br. 4.4.25, Br. 2.5.19, Mu. 2.1.1, Ai. 1.1

Thema 12 - Die Natur der individuellen Seele [Jiva] ist Intelligenz

2.3.18 Aus diesem Grund [das sie nicht erschaffen wurde], ist die einzelne Seele, Intelligenz [selbst].

177

Referenz: Sv. 6.11, Mu. 3.1.9, Ch. 8.12.4, Br. 4.3.14

Thema 13 - Die Größe der einzelnen Seele [Jiva]

2.3.19 Aufgrund der schriftlichen Erklärungen [der Seele] über die Abreise, dem Verlassen und Zurückkehren [ist die Seele nicht unendlich groß; sie ist von atomarer Größe].

Referenz: Mu. 3.1.9

2.3.20 Und weil die beiden letzteren [d.h. Gehen und Zurückkehren] mit ihrer Seele [d.h. dem Handelnden] verbunden sind [ist die Seele von atomarer Größe].

Referenz: Mu 3.1.9

2.3.21 Wenn behauptet wird, dass sie [die Seele] nicht atomar ist sowie es in den Schriften steht, [daher alldurchdringend], so sagen wir, dem ist nicht so, weil [die] eine andere als die einzige Seele [Brahman] das Thema dieser Textstellen ist.

Kommentar: Wenn die Schriften „alldurchdringend" verwenden, so ist das höchste Selbst [Brahman] gemeint.

Referenz: Sv. 6.11, Tai 2.1, Br. 4.4.22

2.3.22 Und aufgrund direkter Aussagen [der Srutis über die atomare Größe] und des infinitesimalen Maßes [ist die Seele atomar].

Referenz: Mu. 3.1.9, Sv. 5.9

2.3.23 Es besteht kein Widerspruch so wie bei der Sandelholz-Salbe.

Kommentar: Die atomare [kleine] Seele durchdringt den ganzen Körper ähnlich der Sandelholz Salbe.

2.3.24 Falls behauptet wird, dass die beiden Fälle [d. h. die Seele und Sandelholzsalbe] nicht ähnlich aufgrund des Wohnortes sind [im Fall der Sandelholzsalbe vorhanden, im Fall der Seele nicht vorhanden], lehnen wir das aufgrund der Anerkennung [durch die Schrift eines besonderen Ortes der Seele] innerhalb des Herzens, ab.

Referenz: Pr. 3.6, Ch. 8.3.3

2.3.25 Oder aufgrund der [ihrer] Qualität [Intelligenz], so wie in Fällen von gewöhnlichen Erfahrungen [z. B. durch das Licht einer Lampe].

Kommentar: Die Seele obwohl sehr klein durchdringt den ganzen Körper, sowie das Licht einer Lampe den ganzen Raum durchdringt.

2.3.26 Die Ausdehnung [der Qualität der Intelligenz] jenseits [der Seele, der sie innewohnt] ist so wie der Geruch [der sich über das duftende Objekt hinaus erstreckt].

Kommentar: Die Intelligenz einer Seele [Jiva] obwohl sehr klein, durchdringt den ganzen Körper so wie der Geruch einer duftenden Pflanze.

2.3.27 So auch zeigt oder erklärt es die Sruti.

Kommentar: Sruti erklärt ebenfalls, dass die Intelligenz der Seele den Körper durchdringt.

Referenz: Br. 1.4.7, Kau. 4.20

2.3.28 Aufgrund der getrennten Lehre [im Sruti, dass die Seele aufgrund ihrer Intelligenz den Körper durchdringt].

Kommentar: Die individuelle Seele ist der Besitzer dieser Intelligenz, weil es so im Sruti steht.

Referenz: Kau. 3.6, Br. 2.1.17

2.3.29 Aber die Seele kommt zu solchen Bezeichnungen aufgrund der Dominanz der Modi dieses Verstands [buddhi]; dies ist genauso wie im Fall des höchsten Selbst.

Kommentar: Durch die Upadhis ist der Jiva klein, ohne Upadhis der alldurchdringende Herr. Der Jiva wird aufgrund seiner Identifikation mit dem Buddhi als atomar beschrieben.

Referenz: Mu. 3.1.9, Sv. 5.9

2.3.30 Und es gibt keinen Fehler in dem, was im vorherigen Sutra gesagt wurde [die Verbindung der Seele mit dem Intellekt existiert] solange die Seele im relativen Aspekt existiert; weil es so [in den Schriften] betrachtet wird.

Kommentar: Die Identifikation mit dem Buddhi existiert solange, bis der Jiva Selbsterkenntnis erlangt hat.

Referenz: Sv. 3.8, Br. 4.3.7

2.3.31 Vielmehr, weil die Verbindung [mit dem Verstand], die latent bleibt [im Tiefschlaf und in der Auflösung), sich [während des Erwachens und der Schöpfung] manifestieren kann, so wie Männlichkeit [aus der Kindheit].

Kommentar: Die Verbindung der Seele mit dem Verstand besteht potentiell während des Tiefschlafs und der Auflösung [Pralaya] und wird wieder zum Zeitpunkt des Erwachens und der Schöpfung manifestiert.

Referenz: Ch. 6.8.1

2.3.32 Andernfalls [wenn es keinen Verstand gäbe] würde es entweder eine konstante Wahrnehmung oder eine konstante Nicht-Wahrnehmung geben, oder eine Einschränkung einer der beiden [daher der Seele oder der Sinne].

Kommentar: Ohne Buddhi hätte der Jiva keine richtige Wahrnehmung.

Referenz: Br. 1.5.3

Thema 14 - Die individuelle Seele [Jiva] als Handelnder

2.3.33 [Die Seele] ist ein Handelnder, weil die Schrift damit eine Bedeutung erklärt.

Referenz: Pr. 4.9

2.3.34 Und aufgrund der Lehre [im Sruti], die herumwandert.

Kommentar: Die Seele ist ein Handelnder, weil sie im Sruti als „herumwandert" beschrieben wurde.

Referenz: Br. 2.1.18, Br. 4.3.12

2.3.35 [Der Jiva ist auch ein Handelnder], weil er die Sinnesorgane benutzt.

Referenz: Br. 2.1.18, BG. 15.8

2.3.36 [Die Seele ist ein Handelnder] auch deshalb, weil sie mit Bezug auf Handlungen als solche bezeichnet wird; wenn sie es nicht wäre, würde eine Richtigstellung der Bezeichnung existieren.

Referenz: Tai. 2.5, Br. 2.1.17

2.3.37 So wie bei der Wahrnehmung gibt es keine Regel.

Kommentar: Der Jiva sieht gute und schlechte „Dinge". So wie die Seele, obwohl sie frei ist, sowohl angenehme als auch unangenehme Dinge wahrnimmt, so führt sie auch gute und böse Handlungen aus. Es existiert keine Regel, dass der Jiva nur das durchführen sollte, was nützlich und vermeiden, was schlecht oder schädlich ist.
2.3.38 [Der Jiva muss ein Handelnder sein], denn [wenn der Verstand allein der Handelnde wäre], würde es zu einer Umkehrung der Macht führen.

Kommentar: Wenn der Verstand [Buddhi] mit der Macht eines „Handelnden" ausgerüstet wäre und alle Dinge beeinflussen könnte, müssten wir dafür ein anderes Instrument annehmen, durch das er alles beeinflusst, weil jeder Handelnde ein Instrument braucht.

2.3.39 Unmöglichkeit für Samadhi [Selbsterkenntnis] wenn der Jiva ein Nicht-Handelnder wäre.

Kommentar: Wenn der Jiva kein Handelnder ist, wäre die vom Sruti vorgeschriebene Selbsterkenntnis durch Samadhi z. B. „Der Atman ist zu verwirklichen" [Br. 2.4.5.] unmöglich.

Referenz: Mu. 2.2.6, Ch. 8.7.1

Thema 15 - Die Seele [Jiva] ist ein Handelnder, solange sie durch die Upadhis begrenzt ist

2.3.40 Der Jiva als Handelnder ist beides relativ real und durch Unwissenheit ein Zimmermann.

Kommentar: Der Körper des Zimmermanns ist nicht die Ursache seiner Funktion. Seine Werkzeuge sind die Ursache. Die Seele ist nur durch den Verstand und die Sinnesorgane, ein „Handelnder".
Man kann nicht behaupten, dass Gott in diesem Fall ein Samsari ist, weil „Handelnder" und „Genießer" nur Avidya zu verdanken sind.

Referenz: Br. 4.3.15

Thema 16 - Die Seele [Jiva] ist in ihrer Handlung von Gott abhängig

2.3.41 Aber das ist vom höchsten Herrn, so erklärt die Sruti.

Kommentar: Sruti erklärt das auch „der Handelnde" vom höchsten Herrn [Atman] als Zeuge, Lenker und Verteiler der Früchte der Handlungen abhängig ist.

Referenz: Br. 4.3.15, Kau. 3.8, Satapatha Br. 14.6.7.30

2.3.42 Aber [der Herr lässt die Seele handeln] das hängt von den Handlungen ab, die er vollbracht hat, denn sonst werden die schriftlichen Aufforderungen und Verbote nutzlos.

Kommentar: So eine Tat ist auf Handlungen zurückzuführen, die in früheren Geburten getan wurden und Vasanas, die wiederum auf frühere Karmas zurückzuführen sind, wobei Samsara selbst ohne Anfang ist [Anadi]. Da Samsara ohne Anfang ist, werden immer frühere Geburten mit Handlungen existieren. Daher kann Gott nicht beschuldigt werden, grausam, ungerecht und skurril zu sein. Um die Früchte [der Handlung] zu verteilen, hängt der Herr von den Handlungen der Seele ab.

Thema 17 - Beziehung der einzelnen Seele [Jiva] zu Brahman

2.3.43 [Die Seele ist] ein Teil des Herrn aufgrund der Differenz [zwischen den beiden], die so beschrieben wird und auch sonst [als nicht verschieden von Brahman] weil in manchen [vedischen Texten] von Fischern, Schurken usw. gesprochen wird.

Kommentar: Der Jiva ist Teil des Herrn aus relativer Sicht und nicht verschieden aus absoluter Sicht.

Referenz: Ch. 8.7.1, Br. 2.4.5, Br. 3.7.23, Sv. 4.3

2.3.44 Das ergibt sich auch aus den Worten der Mantren [das die Seele ein Teil des Herrn ist].

Referenz: Ch. 3.12.6, Rig Veda 10.90.3

2.3.45 Und so steht es im Smriti.

Referenz: BG. 15.7

2.3.46 Der höchste Herr ist nicht [von Lust und Leid betroffen] wie diese [die einzelne Seele daher der Jiva], ebenso wenig wie das Licht [das durch die Bewegung seiner Reflexionen unberührt bleibt].

Kommentar: Der höchste Herr wird nicht von Lust und Leid betroffen so wie die Sonne nicht durch ihre Reflexionen.

2.3.47 „Von den beiden gilt das höchste Selbst als ewig und ohne Eigenschaften. Es wird von den Früchten der Handlungen nicht berührt, nicht mehr als ein Lotusblatt im Wasser." Smritis wie diese besagen, dass der höchste Herr [Brahman] keine Freude und kein Leid empfindet.

2.3.48 Aufforderungen und Verbote sind aufgrund der Verbindung [des Atman] mit dem Körper, wie im Falle von Licht usw., möglich.

Kommentar: Der Atman oder das höchste Selbst ist eins. Es kann keine Aufforderungen und Verbote mit Bezug auf den Atman geben.
Aber Aufforderungen und Verbote sind möglich, wenn sie mit einem Körper verbunden sind.

2.3.49 Und aufgrund der Nicht-Erweiterung [der Seele über ihren eigenen Körper hinaus] gibt es keine Verwirrung [der Früchte von Handlungen].

Kommentar: Der Jiva kann sich nicht jenseits seines körperlichen Karmas erweitern.
Die individuelle Seele [Jiva] hat keine gleichzeitige Verbindung zu allen Körpern. Er ist nur mit einem Körper verbunden und

er ist allein von diesen Eigenschaften seines Körpers betroffen.

2.3.50 Und die einzelne Seele [d. h. Jiva] ist nur eine Reflexion [des Atman oder des höchsten Herrn].

2.3.51 Es gibt keine Fixierung auf das unsichtbare Prinzip [es würde zu einer Verwirrung der Handlungen und ihrer Auswirkungen für diejenigen führen, die an viele Seelen glauben, wobei jede Seele alles durchdringt].

Kommentar: Widerlegung der Samkhya-Philosophie und anderen Schulen über die Pluralität der Seelen.

2.3.52 Und das gilt auch für Entschlüsse usw.

Kommentar: Widerlegung der Samkhya-Philosophie und anderen Schulen über die Pluralität der Seelen.
Wenn die individuelle Seele alldurchdringend wäre, kann es keine Reihenfolge in Angelegenheiten einer persönlichen Bestimmung geben, wie z. B. „Ich werde eine bestimmte Sache tun" oder „Ich werde eine bestimmte Sache nicht tun", weil sich dann jeder über die Bestimmung des anderen bewusst ist.

2.3.53 Wenn behauptet wird, dass sich die Unterscheidung von Vergnügen und Leid auf den Ort bezieht, so sagen wir, dem ist nicht so, aufgrund des Selbst in allen Körpern.

Kommentar: Widerlegung der Samkhya-Philosophie und anderen Schulen über die Pluralität der Seelen.
Es kann nicht „mehr" als eine alldurchdringende Einheit geben. Wenn es viele alldurchdringende Einheiten gäbe,

würden sie sich gegenseitig begrenzen und somit aufhören, alldurchdringend oder unendlich zu sein.

Zusammenfassung: Daher gibt es nur einen Atman [Brahman] und nicht viele. Die Vedanta Lehre von einem Atman [Brahman] ist die einzig makellose Lehre.

TEIL 2 - PADA 4

Thema 1 - Die Pranas [und Sinne] haben ihren Ursprung in Brahman

2.4.1 So werden die lebenswichtigen Energien [Pranas] [aus Brahman] erzeugt.

Referenz: Pr. 4.4, Mu. 2.1.3, Mu. 2.1.8, Tai. 2.1, Ch. 6.2.3, Br. 2.1.20

2.4.2 Aufgrund der Unmöglichkeit eines sekundären Ursprungs der Pranas.
Referenz: Mu. 1.1.3

2.4.3 Aufgrund der Tatsache, dass [im Zusammenhang mit Pranas] das Wort, das den Ursprung angibt, zuerst erwähnt wird.

Kommentar: Aufgrund der Verwendung des Wortes „Jayate" [wurde geboren] mit Bezug auf die Pranas, die vor Akasa usw. existieren, ist es verständlich, dass die Pranas [Organe] aus Brahman stammen.

Referenz: Mu. 2.1.3

2.4.4 Weil sie der Sprache vorausgehen [Feuer und die anderen Elemente].

Kommentar: Dieser Text erklärt deutlich, dass die Organe usw. Effekte der Elemente sind. Die Elemente stammen wiederum von Brahman. Daher sind die Organe [Pranas] auch Effekte von Brahman.

Referenz: Ch. 6.5.4

Thema 2 - Die Anzahl der Organe

2.4.5 Die Pranas [Lebensenergien] sind sieben, weil sie so [aus Schriftstellen] verstanden werden und aufgrund ihrer Spezifikation [der sieben].

Referenz: Pr. 4.8, Mu. 2.1.8, Br. 3.2.1, Br. 3.9.4, Br. 2.4.11

2.4.6 Aber [es gibt auch zusätzlich zu den sieben genannten Pranas] die Hände und die Ruhe. Dies ist ein bereits besprochenes Thema, deshalb müssen wir nicht annehmen, dass nur sieben Pranas existieren.

Kommentar: Die Anzahl von „sieben" ist nicht korrekt. Daher ist die Anzahl der Organe „elf". Dies ist die Anzahl, die bekannt ist.
Es sind die fünf Sinnesorgane [Jnana-Indriyas], die fünf Organe der Handlungen [Karma-Indriyas] und das innere Organ [der Verstand, Denken, Chitta und Ego-Gedanke]. Der Verstand, Denken, Chitta und der Ego-Gedanke sind keine getrennten Organe. Sie sind nur Modifikationen des Verstands. Es gibt nur elf Pranas.

Referenz: Br. 3.2.8, Br. 3.9.4

Thema 3 - Die Organe sind winzig klein

2.4.7 Und [sie sind] winzig.

Kommentar: Daher sind die Sinne alle subtil, endlich und von begrenzter Größe.

Thema 4 - Die wichtigste Prana [Lebenskraft] wird ebenfalls von Brahman erschaffen

2.4.8 Und das Beste [die wichtigste vitale Lebenskraft oder Prana wird erschaffen].

Referenz: Mu. 2.1.3, Ch. 5.1.1, Ch. 6.2.1, Br. 6.1.13, Rig Veda 8.7.17

Thema 5 - Die Natur der primären Lebenskraft [Prana] unterscheidet sich von den Luft- und Sinnesfunktionen

2.4.9 [Das primäre Prana ist] weder Luft noch eine Funktion, da es separat erwähnt wird.

Referenz: Mu. 2.1.3, Ch. 3.18.4

2.4.10 Aber Prana ist der Seele untergeordnet, so wie Augen usw., weil es mit ihnen [den Augen usw.] gelehrt wird und aus anderen Gründen.

Kommentar: Analogie: Die Seele ist der König. Prana ist sein Minister. Die Sinne sind seine Themen.

Referenz: Br. 6.1.7 bis 6.1.7.14

2.4.11 Und weil es [Prana] kein Instrument [Sinnesorgan] ist, ist der Einspruch nicht gültig; denn so erklärt es die Schrift.

Referenz: Pr. 2.3, Pr. 6.3.4, Br. 1.3.18

2.4.12 Es wird gelehrt, dass das primäre Prana eine fünffache Funktion so wie der Verstand hat.

Kommentar: Das primäre Prana ist auch ein Instrument der Seele [Jiva]. Die Sinnesorgane so wie das Auge, das Ohr usw. sind wie Beamte des Jiva und helfen ihm in seinem Genuss und seiner Aktivität. Das primäre Prana ist sein Premierminister. Es hilft ihm in seinen höchsten Funktionen und in der Erlangung all seiner Wünsche. Es erfüllt auch noch andere Funktionen, daher die fünf Pranas.
So wie der Verstand mit Bezug auf die fünf Sinne fünf Modi hat, so hat das Prana fünf Modi: Prana, Apana, Vyana, Udana und Samana.

Referenz: Pr. 2.3

Thema 6 - Die Winzigkeit der primären Lebenskraft [Prana]

2.4.13 Und es [das primäre Prana] ist winzig.

Kommentar: Das Prana des Makrokosmos ist allumfassend in seinem universellen Aspekt [Hiranyagarbha]; in seinem individuellen Aspekt ist es begrenzt.

Referenz: Br. 1.3.22

2.4.14 Aber es gibt den Vorsitz durch Feuer und andere [über die Organe], aufgrund einer solchen Aussage im Sruti.

Kommentar: Daher sind die Pranas und die Sinne von den präsidierenden Gottheiten abhängig.

Referenz: Ai. 1.2.4

2.4.15 [Die Götter sind nicht die Genießer, sondern die Seele [Jiva], weil die Organe mit ihr verbunden sind] mit demjenigen [der Seele], der über sie verfügt [eine Sache] die wir aus den Schriften kennen.

Kommentar: Die Götter sind nicht die Genießer, sondern die Seele [Jiva]. Daher ist die individuelle Seele [Jiva] der Herr der Sinne und der wahre Genießer. Die Seele heißt Pranavat, weil die Pranas [Organe] dazu gehören. Die Seele regiert die Sinne, um ihre Genussobjekte zu erreichen. Die Götter beherrschen die Sinne, indem sie nur ihre Funktionen ausführen. Die individuelle Seele [Jiva] regiert die Sinne, um angenehme Erlebnisse zu genießen.

Referenz: Ch. 8.12.4

2.4.16 Und aufgrund der [Seelen] Permanenz [ist er der Genießer im Körper und nicht die Götter].

Kommentar: Die Sinne sind permanent mit dem Jiva verbunden.

Referenz: Br. 1.5.20, Br. 4.4.2

Thema 8 - Die anderen Pranas [Organe] sind eigenständige Prinzipien und nicht Funktionen der primären Prana

2.4.17 Sie [die anderen Pranas] sind Sinne, weil sie [von den Schriften] so bezeichnet werden, mit Ausnahme der besten [der primären Prana].

Kommentar: Die Organe und Sinne [daher die anderen Pranas] sind unterschiedlich aber nicht das primäre Prana.

Referenz: Mu. 2.1.3, Br. 1.5.21

2.4.18 Aufgrund der schriftlichen Differenz.

Kommentar: Die Sruti sagt, das primäre Prana ist von den Sinnen verschieden. Daher sind die Organe unabhängige Prinzipien und nicht Modi oder Funktionen der primären Prana.

Referenz: Br. 1.3.2, Br. 1.3.7, Br. 1.5.3

2.4.19 Und aufgrund der unterschiedlichen Eigenschaften.

Kommentar: Unterschiede zwischen der primären Prana und den Sinnesorganen [anderen Pranas].
Die Sinnesorgane funktionieren nicht im Tiefschlaf, die primäre Prana schon.
Die primäre Prana allein wird durch den Tod nicht berührt, während die anderen Pranas berührt werden. Die Anwesenheit und die Abreise der primären Prana und nicht das der Sinnesorgane ist die Ursache für die Erhaltung und Auflösung des physischen Körpers.

Thema 9 - Die Erschaffung von Namen und Formen geschieht durch Gott [Brahman] und nicht durch die individuelle Seele [Jiva]

2.4.20 Aber die Schöpfung von Namen und Formen ist von dem [Brahman], der die Dreiteilung [Schöpfung] erschafft, denn so lehren es die Schriften.

Kommentar: Die individuelle Seele [Jiva] hat nicht die Macht, die Welt zu erschaffen. Die gesamte Schöpfung der Welt kann nur das Werk des höchsten Herrn sein, der Feuer, Wasser und Erde erschuf. Das Wort „Jiva" in der Passage ist syntaktisch mit „Eingang" und nicht mit der Schöpfung von Namen und Formen verbunden.

Referenz: Ch. 6.3.2, Ch. 6.3.3, Ch. 8.14

2.4.21 Fleisch usw. stammt gemäß der Schriftaussage von der Erde und [so auch] im Falle der anderen [Elemente wie Feuer und Wasser].

Kommentar: „Eine verzehrte Nahrung [Erde] wird dreifältig, ihr gröbster Teil wird Kot, ihr mittlerer Teil Fleisch, ihr feiner Teil Verstand."
„Aus getrunkenem Wasser wird der gröbste Teil Urin, der mittlere Teil wird zum Blut und der feine Teil wird Prana."
„Aus dem assimilierten Feuer baut der grobe Teil die Knochen, der mittlere Teil wird zum Knochenmark und der feine Teil wird zur Sprache."

Referenz: Ch. 6.5.1

2.4.22 Aber aufgrund der Überlegenheit [eines bestimmten Elements in ihnen daher den physischen Elementen] wurden sie so benannt.

Kommentar: Obwohl alle Dinge dreifach sind, beobachten wir jedoch an verschiedenen Stellen eine Vorherrschaft verschiedener Elemente.
Hitze überwiegt im Feuer, Wasser in allem, was flüssig ist und Nahrung in der Erde.

TEIL 3 - PADA 1

Thema 1 - Die Seele nimmt beim Verlassen des Körpers die subtilen Teile der Elemente mit

3.1.1 Um einen anderen Körper zu erhalten, verlässt [der Jiva seinen Körper] umhüllt [mit subtilen Elementen] sowie es in der Frage und Erklärung [der Chandogya Upanishade] beschrieben ist.

Referenz: Ch. 5.3.3, Ch. 5.3.10

3.1.2 Aufgrund des aus drei [Elementen] bestehenden Wassers [die Seele wird von diesen Elementen und nicht nur von Wasser umhüllt]; aber [Wasser allein wird im Text erwähnt] aufgrund der Überlegenheit [im menschlichen Körper].

Kommentar: Wasser besteht aus Wasser, Erde und Feuer. Wenn der Jiva den Körper umhüllt mit den drei Elementen verlässt, so ist Wasser allen anderen überlegen. Auch im lebendigen Körper überwiegen flüssige Substanzen wie Säfte, Blut und dergleichen.

3.1.3 Und weil die Pranas [die Sinnesorgane] mit der Seele abreisen, wird die Seele auch von den subtilen Essenzen der Elemente begleitet.

Referenz: Br. 4.4.2

3.1.4 Wenn behauptet wird, dass die Pranas oder die Organe nicht der Seele folgen, [aufgrund der schriftlichen Aussagen über den Eintritt in die Gottheit Agni usw.], so sagen wir, dem ist nicht so, weil es in einem sekundären Sinn [metaphorischer Natur dieser Aussagen] erwähnt wird.

Kommentar: Das Eingehen von Sprache in Feuer [Agni] usw. bedeutet nur, dass diese Sinne und Pranas zum Zeitpunkt des Todes aufhören, ihre Funktionen zu erfüllen und nicht, dass sie für die Seele absolut verloren sind.

Referenz: Br. 4.4.2

3.1.5 Wenn Wasser als Grundlage kritisiert wird, das im ersten der Opfer nicht erwähnt wurde, so sagen wir, dem ist nicht so, weil dieses [Wasser] wahrlich als das Wort „Shraddha" verstanden wird, denn in diesem Absatz ist es die entsprechende Bedeutung des Wortes.

Kommentar: Es sind die anderen vier Opfer Soma, Regen, Nahrung und Samen, die als die Wirkungen von Shraddha beschrieben werden. Es ist Sraddha, dass sich in diese vier ändert.

Referenz: Ch. 5.4.2, Taittiriya Samhita 1.6.8.1

3.1.6 Wenn behauptet wird, dass aufgrund [der Seele], die nicht im Sruti angegeben ist [die Seele den Körper verlässt, ohne vom Wasser umhüllt zu sein, usw.] so sagen wir, dem ist nicht so, denn es wird so [aus den Schriften] verstanden, dass die Jivas diese Riten [Opfer] und andere gute Handlungen vollbringen [um allein in den Himmel kommen].

Kommentar: Die Jivas werden von Wasser umhüllt, das von jenen Materialien geliefert wird, die als Opfergaben im Ritual geopfert werden. Das Wasser [Milch, Quark], das die Opfergaben bildet, nimmt die subtile Form von Apurva an, umhüllt die Seelen [Jivas] und führt sie zum Himmel, um ihre Belohnung zu erhalten.

Referenz: Ch. 5.10.3, Br. 6.2.16

3.1.7 Aber [die Seelen sind die Nahrung der Götter im Himmel] in einem sekundären oder metaphorischen Sinn, weil sie [die Seelen], dass Selbst [Atman] nicht erkennen denn so erklärt es die Sruti.

Referenz: Br. 1.4.10

Kommentar: Jivas die das höchste Selbst [Atman] nicht erkannt haben [Selbsterkenntnis] wandern nach ihrem Tod aufgrund ihrer Handlungen in die Welt des Mondes oder andere Regionen. Dort genießen sie die Zeit und sind den Göttern untergeben. Sie werden wiedergeboren, wenn ihre Belohnungen [Früchte] erschöpft sind.

Thema 2 - Die Seelen [Jivas], die vom Himmel herabsteigen, besitzen ein Restkarma, das ihre Geburt bestimmt

3.1.8 Nach der Ausschöpfung der guten Handlungen kehrt die Seele mit einem Restkarma auf die Erde zurück, so wie es laut der direkten Aussage im Sruti und Smriti hervorgeht und auf dem gleichen Weg oder anders, durch das sie nach ihrem Tod aufstieg.

Referenz: Ch. 5.10.5

3.1.9 Wenn behauptet wird, dass aufgrund des Verhaltens [die Aussage von einem Restkarma (Anusaya) für die Wiedergeburt nicht notwendig ist], so sagen wir, dem ist nicht so, [weil das Wort „Verhalten" verwendet wird], um indirekt [auf den Rest] zu deuten. So denkt der Weise Karshnajini.

Kommentar: „Verhalten" bedeutet in diesem Kontext, Karma. Die Qualität der neuen Geburt hängt von „Charana" oder dem Verhalten ab, nicht von Anusaya oder dem Rest der Handlungen. „So wie er handelt und wie er sich verhält, so wird er auch sein".

Referenz: Br. 4.4.5, Ch. 5.10.7

3.1.10 Wenn es [durch eine solche Auslegung des Wortes „Verhalten" - gutes Verhalten] zwecklos wäre, so sagen wir, dem ist nicht so, weil es [Karma] davon abhängig ist [gutes Verhalten].

Kommentar: Verhalten fördert die Frucht des Karmas [Atisaya]. Gutes Verhalten ist eine Hilfe oder Hilfestellung für Karma. Deshalb erfüllt es einen Zweck.

3.1.11 Aber Verhalten [Charana] bedeutet nur gute und böse Handlungen; so denkt der Weise Badari.

Kommentar: Menschen mit gutem Verhalten oder Charakter sind solche, deren Handlungen lobenswert sind: Menschen mit bösen Taten sind diejenigen, deren Handlungen zu tadeln sind. Verhalten wird im allgemeinen Sinne einer Handlung verwendet.

Thema 3 - Das Schicksal derjenigen Seelen, deren Handlungen sie nicht berechtigt, in die Mondwelt zu reisen

3.1.12 Die Sruti erklärt, dass auch jene die keine Riten durchführen [in die Welt des Mondes reisen].

Kommentar: „Alle, die von dieser Welt abreisen, begeben sich in die Sphäre des Mondes." [Kau. 1.2]
Das Wort „alle" bedeutet, dass es sich um einen universellen Satz ohne jegliche Qualifikation handelt, denn alle müssen in die Welt des Mondes kommen. Daraus folgt, dass die Sünder auch dorthin gehen.

Die Sünder reisen nicht in die Sphäre des Mondes. Sie reisen nach Yamaloka [Hölle]. Dies wird im folgenden Sutra beschrieben.
Referenz: Kau. 1.2

3.1.13 Aber für jene [die keine Opfer vollbracht haben usw.] ist es der Aufstieg zum Wohnort von Yama und nachdem sie [die Früchte ihrer bösen Handlungen] erfahren haben, kommen sie auf die Erde herab; so wird diese Reise im Sruti erklärt.

Referenz: Ka. 1.2.6

3.1.14 Auch die Smritis erklären dies.

Kommentar: Die Smritis verkünden für einen Sünder das gleiche Schicksal. In der Bhagavata heißt es: „Die Sünder auf dem Weg der Sünde, wo sie sich mit großen Schmerzen fortbewegen, ständig aufsteigen und fallen, müde und ohnmächtig zur Wohnstätte Yamas getragen."

3.1.15 Außerdem gibt es sieben [Höllen].

Kommentar: Smriti [Puranas] erwähnt sieben Höllen, die als Folterorte für Übeltäter dienen. Die temporären Höllen sind Raurava, Maharaurava, Vahni, Vaitarani und Kumbhika. Die zwei ewigen Höllen sind Tamisra [Dunkelheit] und Andhatamisra [blendende Dunkelheit]. Andere Puranas erwähnen mehr als sieben.

3.1.16 Und aufgrund seiner [Yamas] Kontrolle gibt es auch dort [in diesen Höllen] kein Widerspruch.

Kommentar: Die Gottheit Yama ist der oberste Herrscher in diesen sieben.

3.1.17 Aber das bezieht sich auf die Wege des Wissens und der Handlung, wobei beide diskutiert werden.

Kommentar: Die Sruti sagt, dass diejenigen, die ohne Hilfe von Vidya [Wissen] den Weg von Devayana [nördlicher Pfad, Pfad der Götter] nach Brahmaloka gehen oder mittels Karma den Weg von Pitriyana [südlicher Pfad, Pfad der Ahnen] nach Chandraloka. Diese Übeltäter gehen zum dritten Ort und nicht zum Himmel. In der Sruti Passage heißt es: „Diejenigen, die keinen dieser Wege gehen [Wissen oder Handlung], werden zu jenen kleinen Geschöpfen, die beständig zurückkehren und von denen gesagt wird: Lebe und sterbe". Die Sünder werden kleine Geschöpfe genannt, weil sie die

Körper von Insekten, Mücken usw. annehmen. Ihr Aufenthalt wird der dritte Ort genannt, weil es weder der nach Brahmaloka noch Chandraloka ist.

Referenz: Ch. 5.10.8

3.1.18 Nicht an dritter Stelle, wie es in den Schriften steht.

Kommentar: Opfergaben sind für jene, die zum dritten Ort gehen nicht nötig.

3.1.19 Und [außerdem] Smritis haben auch jene in dieser Welt [es gab Fälle von Geburten ohne den Verlauf der fünf Opfer] aufgezeichnet.

Kommentar: Smritis sprechen auch von Personen, die ohne Opfergaben geboren wurden. Daher kann auch in vielen anderen Fällen die Fortpflanzung oder Geburt unabhängig von den Opfergaben stattfinden, z. B. Drona hatte keine Mutter, Dhrishtadyumna hatte weder Vater noch Mutter.

3.1.20 Ebenfalls aufgrund der Beobachtung.

Kommentar: Das von den vier Klassen der organischen Wesen, manche Tiere, aufgrund von Hitze und Feuchtigkeit entspringen und andere Wesen aufgrund von Samen [z. B. Pflanzen]. Die letzten zwei Klassen daher ohne Geschlechtsverkehr, so dass in ihrem Fall die Anzahl der Opfer ohne Bedeutung ist.

Referenz: Ch. 6.3.1

3.1.21 Der dritte Begriff [Pflanzenwelt] umfasst das, was durch Wärme und Feuchtigkeit entsteht.

Kommentar: Die zwei Klassen entspringen der Erde oder dem Wasser.

Thema 4 - Bei ihrem Abstieg vom Mond [Chandraloka] wird die Seele nicht mit Äther etc. identifiziert, sondern erreicht [nur] eine Ähnlichkeit mit der Natur

3.1.22 (Die absteigende Seele) erreicht Ähnlichkeit (mit Raum, Luft, usw.); denn das erscheint vernünftig.

Kommentar: Daher bedeutet die Passage, dass die Seelen [Jivas] der Akasa oder Luft usw. ähnlich aber nicht gleichartig sind.

Referenz: Ch. 5.10.5, Ch. 5.10.6

Thema 5 - Der gesamte Abstieg der Seele dauert nur kurze Zeit

3.1.23 [Die Seele durchläuft die Stufen ihres Abstiegs] in einer kurzen Zeit aufgrund einer spezifischen Erklärung (in der Upanishade).

Kommentar: Die Reise der Seele, durch die Stufen der Akasa, der Luft, des Dampfes oder Rauches, des Nebels, der Wolke und des Regens, dauert eine kürzere Zeit als ihre Reise durch die Stadien von Mais, Samen, Fötus, die viel länger dauert Zeit und mit Schmerzen verbunden ist.

Referenz: Ch. 5.10.5

3.1.24 Wie in früheren Stadien, so befindet sie [die Seele] sich auch (in den späteren Stadien) lediglich in Reisfeldern usw., die bereits von anderen Seelen bewohnt sind, denn so wird er erklärt.

Kommentar: Daher sind die absteigenden Seelen nur äußerlich mit den von anderen Seelen belebten Pflanzen verbunden. Sie verweilen bis sie die Gelegenheit für eine neue Geburt bekommen. Sie genießen weder Freude noch Schmerz. Die Seelen benutzen den Reis und die Pflanzen als „eine Art" Haltestelle, ohne damit identifiziert zu werden, so wie es im Sruti ausdrücklich als eine vorübergehende Stufe bezeichnet wird.

Referenz: Ch. 5.10.7

3.1.25 Wenn behauptet wird, dass Riten unheilig ist, so sagen wir, dem ist nicht so, aufgrund der schriftlichen Autorität.

Kommentar: Die Riten [Nahrung als Opfergaben] sind nicht unrein oder sündig, weil sie die Schriften für verdienstvoll erklären.
Die heiligen Schriften allein können uns erklären, was Dharma und was Adharma ist, was heilig und was unheilig ist.

3.1.26 Dann [wird die Seele] mit dem verbunden, der den Akt der Paarung vollzieht.

Kommentar: Die Seele wird, nachdem sie in Getreide oder in eine Pflanze eingetreten ist, mit dem verbunden, der Getreide, Früchte usw. isst und den Akt der Paarung vollzieht.

Referenz: Ch. 5.10.6

3.1.27 Aus der Gebärmutter entspringt ein [neuer] Körper.

Kommentar: Nachdem die Seele die verschiedenen vorhergehenden Stufen durchlaufen hat, tritt sie letztendlich in die Gebärmutter der Mutter ein. Sie erlangt im Schoß der Mutter einen voll entwickelten menschlichen Körper, der dazu geeignet ist, die Früchte der übrigen Handlungen [Restkarma] zu erfahren.
Die ganze Lehre über das Gesetz der Wiedergeburt zeigt, dass allein das höchste Selbst [Atman] die höchste Glückseligkeit ist. Dieser Atman muss das einzige Ziel der Suche sein.

Referenz: Ch. 5.10.7

TEIL 3 - PADA 2

Thema 1 - Die Seele [Jiva] im Traumzustand

3.2.1 Im Zwischenstadium [zwischen Wachzustand und Tiefschlaf] gibt es [eine echte] Schöpfung; denn so sagt es [die Sruti].

Kommentar: Weiterhin gibt es keinen Unterschied zwischen der Erfahrung des Wachzustands und des Traumzustands. Das Wort „Schöpfung" in diesem Sutra ist bildlich zu verstehen.

Referenz: Br. 4.3.9

3.2.2 Und einige behaupten, dass der höchste Herr der Schöpfer ist; Söhne usw. [die schönen Dinge, die er erschafft].

Referenz: Ka 1.1.25, Ka. 1.1.23, Ka. 2.2.8, Br. 4.3.14

3.2.3 Aber sie [die Traumwelt] ist reine Illusion, weil sie sich nicht mit der Gesamtheit [der Attribute der Realität] manifestiert.

Kommentar: Aber der Traum ist nur eine Illusion und nicht vom höchsten Herrn erschaffen, sondern vom Jiva. In einem Traum verlässt die Seele den Körper nicht; denn wenn es so wäre, würde einer, der davon träumt nach London gereist zu sein, in London aufwachen, während er in Bombay schlafen ging. Aber in Wirklichkeit erwacht er nur in Bombay.

Referenz: Br. 2.1.18, Br. 4.3.9

3.2.4 Aber [obwohl die Traumwelt eine Illusion ist], ist sie doch [für die Zukunft] bezeichnend, denn so ist es von den Upanishaden und Weisen [Experten] bekannt.

Kommentar: Träume können Hinweise geben.

Referenz: Ch. 5.2.8

3.2.5 Aus der Meditation über den höchsten Herrn wird jedoch offenbar, was verborgen bleibt; denn die Knechtschaft und die Freiheit der Seele sind von ihm abgeleitet.

Kommentar: Es offenbart sich nicht für alle Menschen von selbst, da die Knechtschaft und Freiheit des Jiva vom Herrn abgeleitet wird. Das bedeutet: Aus der Erkenntnis der wahren Natur des Herrn [Selbsterkenntnis] ergibt sich die Freiheit;

aus Unwissenheit über seine wahre Natur ergibt sich die Knechtschaft.

Referenz: Sv. 1.11

3.2.6 Und das [die Unwissenheit der Seele] ergibt sich auch aus ihrer Verbindung [Identifikation] mit dem Körper.

Kommentar: Das Wissen [die Selbsterkenntnis] bleibt stets verborgen, solange sie sich unwissend mit dem Körper usw. identifiziert.
Der Wachzustand und Traumzustand sind sich in dieser Hinsicht ähnlich, da beide relativ real sind.

Thema 2 - Die Seele [Jiva] im Tiefschlaf

3.2.7 Die Abwesenheit davon [von den Träumen daher der Tiefschlaf] findet in den Nerven [Nadis oder psychischen Strömungen] und im Selbst statt, wie man es aus dem Sruti oder der schriftlichen Aussage weiß [Upanishaden].

Kommentar: Im Tiefschlaf ruht die individuelle Seele in Brahman, jedoch existiert ein dünner Schleier der Unwissenheit zwischen ihm [Jiva] und der höchsten Seele [Brahman].

Referenz: Ch. 6.8.1, Ch. 8.6.3, Br. 2.1.17, Br. 2.1.19, Br. 4.3.21, Br. 4.4.22, Kau. 4.19

3.2.8 Daher das Erwachen [Aufwachphase] daraus [Brahman].

Kommentar: Aus diesem Zustand der Vereinigung mit Brahman [Atman] folgt das Erwachen [Aufwachen]. Brahman ist der Ort der Ruhe des tiefen Schlafzustands.

Referenz: Br. 2.1.16, Br. 2.1.20, Ch. 6.10.2

Thema 3 - Dieselbe Seele [Jiva] kehrt aus dem Tiefschlaf zurück

3.2.9 Aber die gleiche Seele [Jiva] kehrt aufgrund der Handlungen, Erinnerung, schriftlichem Text und Gebot [nach dem Tiefschlaf von Brahman] zurück.

Referenz: Br. 4.3.16, Ch. 8.3.2, Ch. 6.10.2

Thema 4 - Die Seele [Jiva] im Zustand der Ohnmacht

3.2.10 In einer Ohnmacht [fern der Sinne] gibt es eine halbe Vereinigung aufgrund des Rests [als einzige Alternative, als einzig mögliche Hypothese].

Kommentar: Der Zustand der Ohnmacht ist halb im Tiefschlaf und halb im Tod.

Er [diese Person] träumt nicht, weil er völlig bewusstlos ist. Es ist kein Tiefschlaf, weil es im Tiefschlaf Frieden gibt, während es im Zustand der Ohnmacht keinen Frieden gibt. Er ist auch nicht tot, denn er atmet weiter und sein Körper ist warm. Diejenigen, die Brahman kennen, sagen, dass Ohnmacht eine halbe Vereinigung ist. Ein Mensch im Zustand der Ohnmacht ist mit einer Hälfte im Tiefschlaf, mit der anderen Hälfte im Tod.
Da es sich um eine Mischung aus Tiefschlaf und Tod handelt, wird es nicht als fünfter Zustand betrachtet.

3.2.11 Nicht einmal aufgrund [der Differenz] des Ortes kann Brahman eine zweifache Charakteristik besitzen, denn überall wird gelehrt, dass er ohne Eigenschaften ist.

Kommentar: Die Rötung einer Blume, die sich in einem Kristall widerspiegelt, ändert nichts an der Natur des Kristalls selbst, der farblos ist. Die bloße Verbindung einer Sache mit einer anderen ändert nichts an ihrem essentiellen Wesen. Bei Brahman [absolutes Bewusstsein], ist die Verbindung mit begrenzenden Eigenschaften [upadhis] wie Erde, Ego-Gedanke usw. auf die Unwissenheit [avidya] zurückzuführen.

Referenz: Ka. 1.3.15, Ch. 3.14.2, Br. 3.8.8

3.2.12 Wenn aufgrund Unterschiede [die in den Schriften gelehrt werden] behauptet wird, dass dem nicht so ist, so antworten wir, nein, denn mit Bezug auf jede [solche Form], erklärt die Sruti das Gegenteil davon.

Kommentar: Die höchste Wahrheit ist eins, jenseits der Dualität und ohne Eigenschaften oder Formen.

Referenz: Ka. 5.3, Pr. 6.1, Ch. 3.18.2, Ch. 5.11.2, Br. 1.3.22

3.2.13 Außerdem lehren das Einige in aller Deutlichkeit.

Referenz: Ka. 1.4.11, Sv. 1.12, Br. 4.4.19

3.2.14 Wahrlich, Brahman ist deshalb formlos, weil es der Zweck [aller Texte über Brahman] ist.

Referenz: Br. 3.8.8, Br. 2.5.19, Ka. 1.3.15, Ch. 8.14.1

3.2.15 Und so wie das Licht kann man annehmen, dass Brahman verschiedene Manifestationen besitzt, so dass die Schriften nicht ohne Bedeutung sind.

Kommentar: So wie Licht nimmt Brahman aufgrund der Upadhis verschiedene Formen an.

3.2.16 Sruti erklärt Brahman auch zum einzigen Bewusstsein [Intelligenz].

Kommentar: Die Sruti behauptet, Brahman besteht aus Bewusstsein [Intelligenz].

Referenz: Br. 4.3.13

3.2.17 [Die Schrift] zeigt auch, dass dies ebenfalls im Smriti angegeben ist.

Referenz: Kena. 1.4, Tai. 2.9, Br. 2.3.6, BG. 2.25, BG. 13.12

3.2.18 Aus diesem Grund [haben wir mit Bezug auf Brahman] Vergleiche wie die Reflexionen der Sonne und dergleichen.

Kommentar: Wie die leuchtende Sonne in viele Gewässer eintritt [reflektiert wird], erscheint Brahman durch seine Upadhis vielfältig.

3.2.19 Aber diese Ähnlichkeit [Sonne und ihre Reflexionen im Wasser] ist nicht anwendbar, da nichts als wasserähnlich wahrgenommen wird.

Kommentar: Brahman ist alldurchdringend. Also kann kein „zweites" Objekt von ihm entfernt sein. Die Sonne wird aufgrund ihrer Entfernung im Wasser reflektiert. Aber es kann keine Distanz zwischen Brahman und irgendeinem Objekt geben. Brahman ist nicht-dual.

3.2.20 Da Brahman in die begrenzenden Zusätze [upadhis] eingetreten ist, scheint er, an ihrer Zunahme und Abnahme teilzunehmen. Die Illustration ist passend, da die Illustration und die abgebildete Sache unter diesem Gesichtspunkt angemessen sind.

Kommentar: Brahman nimmt „relativ" gesehen, an den Veränderungen [upadhis] teil [Zunahme und Abnahme] sowie Reflexionen der Sonne durch die Bewegung des Wassers verändert werden.

3.2.21 Und aufgrund der schriftlichen Erklärung.

Kommentar: Brahman, obwohl ohne Eigenschaften werden Qualitäten für die Praxis der Hingabe oder Krama Mukti zugeschrieben.

Referenz: Ch. 6.3.2, Br. 2.5.18

Thema 6 - „Nicht das, nicht das" [Neti Neti] in der Br. 2.3.6. [Upanishade] wird erklärt

3.2.22 Was bisher erwähnt [Eigenschaften] wurde, wird verneint [durch die Worte Neti Neti, „Nicht das, nicht das"] und die Sruti erklärt dazu noch mehr.

Kommentar: „Nicht das, nicht das" [Neti Neti] negiert die Totalität aller Effekte [Eigenschaften usw.], die Brahman überlagern, aber nicht Brahman selbst, der die Essenz [eigenschaftsloses Bewusstsein] aller fiktiven Überlagerungen ist. „Neti Neti" negiert die Vielfalt von Brahman, wie es in den vorangegangenen Sutras beschrieben wurde.

Referenz: Br. 2.3.1

3.2.23 Es [Brahman] ist nicht manifestiert [unsichtbar], denn so steht es in der Schrift.

Referenz: Mu. 1.1.6, Mu. 3.1, Br. 3.9.26, Tai. 2.7

3.2.24 Außerdem wird Brahman in der Meditation [Samadhi] erkannt, wie man es von der direkten Offenbarung und Folgerung weiß.

Referenz: Ka. 4.1, Mu. 3.1.8

3.2.25 Und so wie es beim [physischen] Licht und dergleichen keine Differenzierung gibt, so ist es auch zwischen Brahman und seiner aktiven Manifestation; aufgrund der wiederholten Anweisung [im Sruti].

Kommentar: Es existiert kein essentieller Unterschied zwischen Brahman und Jiva so wie Licht und das Beleuchtete. „Das du bist - Tat Tvam Asi", „Ich bin Brahman - Aham Brahmasmi".

3.2.26 Darum erkennt der Jiva die Einheit mit dem Unendlichen; so wird es [in der Schrift] gezeigt.

Kommentar: Das Ergebnis der Selbsterkenntnis.

Referenz: Mu. 3.2.9, Br. 4.4.6

3.2.27 Da aber beides [Differenz und Nicht-Differenz] im Sruti gelehrt wird [muss das Verhältnis des höchsten Brahman zur individuellen Seele betrachtet werden], so wie eine Schlange zu ihrem Muster.

Kommentar: Trotzdem gibt es zwischen der individuellen Seele [Jiva] und Brahman sowohl Differenz als auch Nicht-Differenz. Die Differenz vor der Selbsterkenntnis ist [relativ] real. Der Jiva wird nur dann mit Brahman eins [keine Differenz mehr], wenn seine Unwissenheit [ajnana oder avidya] durch Erkenntnis [jnana] über Brahman zerstört wird.

Referenz: Mu. 3.1.1, Mu. 3.1.8, Br. 1.4.10, Ch. 6.8.7

3.2.28 Oder so wie [das Verhältnis von] Licht und seine Quelle, weil beide leuchten.

Kommentar: So wie das Licht der Sonne und ihre Quelle [die Sonne selbst] nicht unterschiedlich sind, weil sie beide aus Feuer bestehen jedoch anders erscheinen, so ist es auch zwischen der individuellen Seele [Jiva] und der höchsten Seele [Brahman].

3.2.29 Oder [die Beziehung zwischen den beiden, Jiva und Brahman ist] so wie bereits beschrieben.

Kommentar: Knechtschaft ist nur die „Idee der Getrenntheit". Wenn Getrenntheit [von Brahman] absolut real wäre, könnte es keine endgültige Befreiung geben.
Aber wenn der Unterschied auf Unwissenheit beruht, kann das Wissen über Brahman [Selbsterkenntnis] die Unwissenheit vernichten. Dann erkennt man die höchste Realität oder Brahman.

3.2.30 Und aufgrund der Ablehnung.

Kommentar: Im Sruti wird die Dualität eindeutig negiert. Es existiert nur ein Brahman [absolute Realität] ohne Unterschiede und ohne Eigenschaften.

Referenz: Br. 3.7.23, Br. 2.3.6

Thema 7 - Brahman ist eins ohne ein Zweites

3.2.31 Es gibt etwas Übergeordnetes [Brahman] aufgrund der Erwähnung von Brücke, Maß, Verbindung und Unterschied.

Kommentar: Man kann behaupten, dass es etwas Höheres als Brahman geben muss, weil Brahman als eine Brücke, vier Füße usw. beschrieben oder als begrenzt und von einem Menschen erlangt wird.

Referenz: Ch. 8.4.1, Ch. 8.4.2, Ch. 3.18.2

3.2.32 Aber [Brahman wird als Brücke usw. bezeichnet] aufgrund der Ähnlichkeit.

Kommentar: Es kann nichts anderes als Brahman existieren. Brahman ist eins und nicht-dual.
Brahman wird als Brücke beim Überqueren dieses Ozeans der Welt [Samsara] betrachtet.

3.2.33 Um der Meditation [Upasana] willen [spricht man von Brahmans Größe oder Maß], genauso wie von den vier Füßen [oder die Viertel].

Kommentar: Für die Meditation [Upasana] wird Brahman mit Formen oder Eigenschaften beschrieben.

Referenz: Ch. 3.18.1

3.2.34 Verbindung und Unterschied werden über Brahman unter dem Gesichtspunkt der Begrenzungen [upadhis] erwähnt, so wie im Fall von Licht.

Kommentar: Licht ist eins, aber wir sprechen von einem Licht innerhalb und außerhalb eines Raums. Die Unterscheidung beruht auf scheinbare Begrenzungen [Upadhis]. Man könnte behaupten, dass das Licht im Raum mit dem externen Licht eins ist, sobald der Raum zerstört wird.

3.2.35 Und das ist plausibel.

Kommentar: Die Überlegung beweist die Nicht-Dualität.

Referenz: Ch. 3.12.7

3.2.36 Ebenfalls aufgrund der ausdrücklichen Negierung aller anderen Dinge [es gibt nichts anderes als Brahman].

Referenz: Ch. 7.25.1.2, Br. 2.4.6, Br. 2.5.19, Mu. 2.2.11, Sv. 3.19

3.2.37 Hierdurch wird die Allgegenwart [von Brahman] in Übereinstimmung mit den schriftlichen Aussagen über den Umfang von [Brahman] erklärt.

Referenz: Ch. 8.1.3, Sat. Br. X.6.3.2, BG. 2.24

Thema 8 - Isvara ist der Verteiler der Früchte von Handlungen

3.2.38 Von ihm [dem Herrn daher Isvara] sind die Früchte des Handelns, denn das ist plausibel.

Kommentar: Deshalb erhält man die Früchte der Handlungen von Isvara [Saguna Brahman], der ewig, allmächtig, allwissend und mitfühlend ist.

3.2.39 Und weil es die Schriften lehren.

Referenz: Br. 4.4.24

3.2.40 Aus eben diesen Gründen betrachtet Jaimini den religiösen Verdienst [was die Früchte der Handlungen hervorbringt].

Kommentar: Aus all diesen Gründen entspringt das Ergebnis nur der Handlung, ob verdienstvoll oder nicht verdienstvoll [dies ist die Ansicht von Jaimini].

3.2.41 Aber Badarayana betrachtet, dass der erste [Isvara, die Ursache der Früchte des Handelns ist], weil er als Ursache [der Handlungen selbst] erklärt wurde.

Kommentar: Der Herr [Isvara] ist mit Bezug auf alle Handlungen, ob gut oder böse, der kausale Handelnde. Dasselbe wird in Bhagavad Gita [7.21-22] erwähnt. Der Herr erschafft alle Wesen und Bedingungen, die ihrem früheren Karma entsprechen. Daher ist der Herr die Ursache der Früchte des Handelns.

Referenz: Ka. 1.2.23, Kau. 3.8, BG. 7.21, BG. 7.22

TEIL 3 - PADA 3

Thema 1 - Die Vidyas mit übereinstimmender oder ähnlicher Form, die in den Schriften vorkommen sind ein Vidya

3.3.1 Die Vidyas oder Meditationen, die in verschiedenen Vedanta Schriften beschrieben werden sind nicht verschieden, sondern eins aufgrund der Gleichheit der Anordnung [Verbindung, Form und Name].

Kommentar: Vedanta Vidyas führen zum gleichen Ziel und sind eins.

Referenz: Br. 6.1.1, Ch. 5.1.1

3.3.2 Wenn behauptet wird, dass die Vidyas aufgrund von Unterschiede [in bestimmten Punkten] getrennt sind, lehnen wir es ab, weil dies sogar im gleichen Vidya vorkommen kann.

Kommentar: Die Vidyas sind nicht unterschiedlich aufgrund kleiner Differenzen.

Referenz: Ch. 5.9.2, Ch. 5.10.10, Br. 6.1.6, Br. 6.2.24

3.3.3 Der Ritus des Tragens von Feuer auf dem Kopf ist mit dem Studium der Veden [der Atharvanikas], verbunden, weil es im Samachara [als solches] erwähnt wird. Und [dies folgt auch] aus der Qualifikation [für die Schüler des Atharva Veda] so wie im Fall der [sieben] Opfergaben [Saurya usw.].

Kommentar: „Der Ritus des Tragens von Feuer oder die sieben Opfergaben", sind für vedische Schüler.

Daher existiert eine Einheit der Vidyas. Die Lehre von der Einheit der Vidyas bleibt somit unerschüttert.

Referenz: Mu. 3.2.11

3.3.4 [Die Schrift] lehrt das auch [so].

Referenz: Ka. 1.2.15, Tai. 2.7, Ch. 5.18.1

Thema 2 - Angaben zu gleichen Vidyas, die an verschiedenen Orten oder Sakhas erwähnt werden sollen zu einer Meditation zusammengefasst werden

3.3.5 Und in ähnlichen Meditationen sind (alle) Eigenschaften zu kombinieren, denn es gibt keinen Unterschied in der Anwendung der Meditation so wie [eine Kombination aus] allen Nebenriten eines Hauptrituals.

Kommentar: Solche Einzelheiten sollen zu einer Meditation vereint werden.

Thema 3 - Unterschiedliche Meditationen [Vidyas]

3.3.6 Wenn behauptet wird [die Udgitha Vidya der Brihadaranyaka Upanishade und die der Chandogya Upanishade] sind aufgrund von [unterschiedlichen] Texten anders, lehnen wir dies aufgrund ihrer Einheit [mit Bezug auf das Wesentliche] ab.

Kommentar: Die beiden Texte bilden somit nur eine Meditation [Vidya].

Referenz: Ch. 1.2, Br. 1.3.23

3.3.7 Oder besser gesagt, es gibt keine [Einheit der Vidyas] aufgrund der Unterschiede des Themas selbst [die Meditation über die Udgitha] als die Höchste [Brahman] unterscheidet sich von der Meditation über die Udgitha als Verweilen im Auge usw.

Kommentar: Die beiden Vidyas sollten aufgrund ihrer speziellen Eigenschaften nicht kombiniert werden, obwohl sie eins daher Brahman beschreiben.

Referenz: Ch. 1.1.1, Ch. 1.6, Br. 1.3.2

3.3.8 Wenn behauptet wird, dass die Vidyas aufgrund des Namens eins sind; so antworten wir, das dies bereits erklärt wurde; außerdem ist die [Übereinstimmung des Namens auch im Fall getrennter Vidyas zu finden].

Kommentar: Man kann nicht behaupten die Vidyas wären identisch, weil sie den gleichen Namen tragen. Der Gegenstand unterscheidet sich.

Referenz: Ch. 1.6, Ch. 1.9.2

Thema 4 - Spezifikationen von Om

3.3.9 Und weil es [Om] sich überall [über die Gesamtheit der Veden] erstreckt, [ist es mit dem Begriff „Udgitha" zu spezifizieren], daher ist es passend.

Referenz: Ch. 1.4.1

3.3.10 Da alle (die Meditationen über Prana) gleich sind, werden diese Eigenschaften (hier in einem) an anderer Stelle hinzugefügt.

Kommentar: Dieses Sutra erklärt, dass sie deshalb hinzugefügt werden müssen, da die Vidya in allen drei Upanishaden die gleiche ist. Eigenschaften, die zu ein und demselben Vidya oder Thema gehören, müssen kombiniert werden.

Referenz: Ka. 2.14

Thema 6 - In allen Meditationen über Eigenschaften von Brahman wie „Glückseligkeit" usw., die seine Natur beschreiben, sollen zu einer Meditation kombiniert werden und nicht zu einer anderen

3.3.11 Glückseligkeit und andere Eigenschaften des höchsten Selbst, Brahman, sollen kombiniert werden.
Kommentar: In der Meditation über Brahman sollten alle Eigenschaften über Brahman vereint werden.

3.3.12 Eigenschaften wie Freude als Kopf und so weiter sind nicht überall anzuwenden, da die Intensität und Schwäche [nur möglich sind], wenn Unterschiede existieren. [daher nicht in Brahman, wo keine Unterschiede existieren].

Kommentar: „Mehr" oder „weniger", Intensität oder Schwäche, Freude als Kopf usw. sollten ausgeschlossen werden, da Brahman nicht-dual ist.

Diese Eigenschaften werden dem höchsten Brahman lediglich als Mittel zur Konzentration des Geistes zugeschrieben, nicht als Objekte der Meditation.

Referenz: Tai. 2.5

3.3.13 Aber andere Eigenschaften [wie Glückseligkeit usw.] sind aufgrund der Identität und Bedeutung zu kombinieren.

Kommentar: Inhärente Eigenschaften wie „Glückseligkeit", „Wissen", „Alldurchdringung" usw., die die Natur von Brahman beschreiben, sind zu kombinieren, da das Ziel solcher Beschreibungen dasselbe ist und sie sich direkt auf Brahman beziehen.

Thema 7 - Ka. 1.3.10 - 11 lehrt, dass das Selbst höher als alles andere ist

3.3.14 [Die Textstelle in der Katha Upanishade 1.3.10 erzählt vom Selbst als dem Höchsten] um der tiefen Meditation willen, da es sonst keinen Sinn ergibt [vom Wissen über Dinge, die jenseits der Sinne usw. sind].

Kommentar: Diese Textstelle bedeutet, dass das Selbst das Höchste ist.

Referenz: Ka. 1.3.10, Ka. 1.3.11

3.3.15 Und aufgrund des Wortes Atman.

Referenz: Ka. 1.3.2, Ka. 1.3.13

3.3.16 In der Aitareya Upanishade 1.1 ist das höchste Selbst gemeint, wie auch in anderen Texten [die sich mit der Schöpfung befassen] aufgrund der nachfolgenden Qualifikation.

Referenz: Ai. 1.1, Ai. 1.1.2, Tai. 2.1

3.3.17 Wenn behauptet wird, dass aufgrund des Kontexts [das höchste Selbst nicht gemeint ist] so antworten wir, dass es [daher das höchste Selbst] aufgrund der definitiven Aussage ist [das Atman am Anfang allein existiert].

Referenz: Ai. 1.1

Thema 9 - In der Prana Vidya ist nur das Denken an Wasser als Kleid des Prana vorgeschrieben.

3.3.18 Da [die Mundspülung mit Wasser, auf die in der Prana Vidya Bezug genommen wird] eine Wiederholung einer bereits von der Smriti angeordneten Handlung ist, wurde es woanders nicht ordiniert [von der Sruti vorgeschrieben].

Kommentar: Gemeint ist nur die Meditation über Wasser als Nahrung.

Referenz: Ch. 5.2.2, Br. 6.1.14

Thema 10 - Vidyas [Meditationen] der gleichen Kategorie, die identisch oder ähnlich sind, müssen kombiniert werden, denn sie sind eins

3.3.19 (Die Meditationen) in der gleichen Kategorie sind aufgrund der Nicht Differenz des Objekts ähnlich (und ihre Eigenschaften sind zu kombinieren).

Kommentar: Obwohl es kleine Unterschiede gibt, sind die beiden Deschreibungen der Sandilya Vidya in den beiden Srutis praktisch identisch. Deshalb ist die Sandilya Vidya eins.

Referenz: Br. 5.10.6, Sat. Br. X.6.3.2

Thema 11 - Die Bezeichnungen „Ahar" [mit Bezug auf die Götter] und „Aham" [mit Bezug auf den Körper] des höchsten Brahman in der Br. 5.5.1-2 sind nicht kombinierbar, da es sich um zwei separate Vidyas handelt

3.3.20 Einige behaupten, „Ahar" und „Aham" sollten kombiniert werden.

Kommentar: Daher müssen die Bezeichnungen „Ahar" und „Aham" mit Bezug auf Satya Brahman kombiniert werden.

Referenz: Br. 5.5.1-2

3.3.21 Eher nicht [so] aufgrund der Differenz [des Ortes].

Kommentar: Da die Sonnenkugel und das Auge zwei entfernte Orte für die Verehrung von Brahman sind, sollten die zwei bedeutsamen Bezeichnungen „Ahar" und „Aham" nicht in der gleichen Meditation eingesetzt werden.

Referenz: Br. 5.5.1, Br. 5.5.2

3.3.22 Die Schrift erklärt das auch.
Kommentar: Deshalb sollten die beiden geheimen Bezeichnungen getrennt gehalten werden.

Thema 12 - Eigenschaften von Brahman, die im Ranayaniya Khila vorkommen bilden ein eigenständiges Vidya [Meditation]

3.3.23 Aus dem gleichen Grund wird auch die Unterstützung [der Welt] und das Durchdringen des Himmels, Brahman [im Ranayaniya Khila] zugeschrieben [sind nicht in anderen Vidyas bzw. Meditationen über Brahman enthalten].

Kommentar: Es ist eine Tatsache, dass über Brahman, obwohl eins aufgrund der Pluralität seiner Kräfte in vielerlei Hinsicht meditiert werden kann.

Referenz: Ch. 3.14.3, Ch. 4.15.1, Ch. 8.1.1

Thema 13 - Die Purusha Vidya in der Chandogya und der Taittiriya Upanishade sind nicht kombinierbar

3.3.24 Und [die Eigenschaften] in der Purusha Vidya [der Chandogya] werden in der anderen [in der Taittiriya] nicht erwähnt [daher sind die beiden Purusha Vidyas nicht eins; sind nicht zu kombinieren].

Kommentar: Das Ergebnis der Vidya in der Taittiriya Upanishade ist das Erreichen der Größe von Brahman: „Er erlangt die Größe von Brahman". Das Ergebnis der Vidya in Chandogya Upanishade ist ein langes Leben: „Wer das erkennt, lebt bis zu hundert und sechzehn Jahren."

Thema 14 - Bestimmte Mantren und Riten, die in einigen
Upanishaden erwähnt werden, gehören nicht zu Brahma-Vidya

3.3.25 Da der Sinn für [bestimmte Mantren] wie Durchbohren und so weiter anders ist [als der Sinn der Vidyas], ist das Erste mit Letzterem nicht zu kombinieren.

Kommentar: Aus diesem Grund sind die erwähnten Mantren [einige Mantren sind bestimmten Riten untergeordnet] eine Ergänzung zu den Vidyas der Upanishaden.

Thema 15 - Die Textaussage, dass die guten und bösen
Handlungen eines Menschen, der Selbsterkenntnis erlangt hat,
an seine Freunde bzw. Feinde weitergehen, gilt für alle Texte,
in denen das Ablegen von gutem und bösem Karma durch
einen solchen Menschen erwähnt wird

3.3.26 Wo aber nur das Loswerden [des Guten und Bösen] erwähnt wird, weil die Aussage über die Akzeptanz ergänzend ist [zur Aussage über das Loswerden] so wie bei den Kusas, Versmaße, Lob, Hymnen oder Rezitationen. Dies wurde von Jaimini festgelegt.

Kommentar: Gute und böse Handlungen verlassen den Weisen und gehen an seine Freunde oder Feinde weiter.

Referenz: Mu. 3.1.3, Ch. 8.13, Kau. 1.4

Thema 16 - Das Abwerfen von Gut und Böse durch den Kenner von Brahman findet zum Zeitpunkt des Todes statt und nicht auf dem Weg nach Brahmaloka

3.3.27 [Wer Selbsterkenntnis erlangt, wird seine guten und bösen Taten los] zum Zeitpunkt des Todes, gibt es nichts zu erreichen; für andere [ist es in ihren heiligen Texten definiert].

Kommentar: Sanchita Karma [auch Agami Karma] oder angesammelte Vasanas [Karma] werden, sobald man Brahman erkennt, zerstört. Prarabdha Karma wird beim Tod zerstört. So ist er zum Zeitpunkt seines Todes von den Auswirkungen all seiner Verdienste und Sünden befreit.

Referenz: Ch. 8.13.1, Kau. 1.4

3.3.28 Im Einklang mit der spirituellen Praxis wirft der Kenner von Brahman, Tugenden und Laster während er lebt von sich ab.

Kommentar: Die Ansicht ist richtig, weil die freiwillige Erfüllung um Karma loszuwerden nur vor dem Tod möglich ist und dies mit allen Srutis übereinstimmt.

Thema 17 - Allein der Kenner des Saguna Brahman [Isvara] reist nach dem Tod auf dem Weg der Götter und nicht der Kenner des Nirguna Brahman

3.3.29 Die Reise der Seele auf dem Weg der Götter Devayana ist in zweifacher Weise anwendbar, sonst gäbe es einen Widerspruch [der Schrift].

Kommentar: Wie kann der befreite Weise, der mit dem höchsten Brahman [Nirguna] eins wurde, der Eine ohne ein Zweites ist, der alles durchdringt, der unendlich ist, der ohne Bewegung ist, von Devayana an einen anderen Ort reisen? Er hat bereits sein Ziel oder seine Einheit mit Brahman erreicht. Die Reise entlang des Devayana ist für ihn bedeutungslos.

Deshalb reist derjenige, der Saguna Brahman verwirklicht hat und ihn allein verehrt auf dem Weg der Götter.

Referenz: Mu. 3.1.3

3.3.30 Diese Differenzierung ist vernünftig, denn Tatsachen, die den Weg einer Seele anzeigen, werden [im Falle der Meditation über Saguna Brahman allein] ebenso erfüllt wie [wie ein solcher Unterschied] im gemeinsamen Leben.

Kommentar: Im Gegenteil, den Weg der Götter zu gehen, hat nichts mit Selbsterkenntnis zu tun. Diese Reise würde im Falle eines befreiten Weisen oder Nirguna Upasaka, in dem die Unwissenheit durch die Erkenntnis von Brahman oder des Unvergänglichen zerstört wurde, keinen Zweck erfüllen. Er hat die Einheit mit dem höchsten Selbst erlangt.

Thema 18 - Alle Verehrer des Saguna Brahman [Isvara] reisen nach dem Tod auf dem Weg der Götter nach Brahmaloka, das gilt für alle Vidyas über Saguna Brahman [Isvara]

3.3.31 Es gibt keine Einschränkung [was das Reisen auf dem Weg der Götter betrifft]. Es gibt keinen Widerspruch, wie die Srutis und Smriti zeigen.

Referenz: Ch. 5.10.1, Br. 6.2.15, BG. 8.26

3.3.32 Von denen, die einen Auftrag haben, die [körperliche] Existenz zu erfüllen, solange der Auftrag nicht erfüllt ist.

Kommentar: Aber diese Seelen kommen nie unter die Herrschaft von Avidya [Unwissenheit], auch wenn sie vielleicht geboren werden. Der Fall ähnelt dem eines befreiten Weisen. Ein Jivanmukta lebt auch nach der Selbsterkenntnis mit seiner physischen Existenz weiter, solange sein Prarabdha Karma andauert. Die göttliche Mission dieser Rishis wie Sri Vyasa, Vasishtha, Apantaratamas kann mit dem Prarabdha Karma der Jivanmuktas verglichen werden.

Thema 20 - Die in verschiedenen Schriften erwähnten negativen Eigenschaften von Brahman sind in allen Meditationen über Brahman zu kombinieren

3.3.33 Alle Vorstellungen von den [negativen] Eigenschaften des Unzerstörbaren [Brahman] sind zu kombinieren [aus verschiedenen Schriften].

Kommentar: Mit Bezug auf „weder groß noch klein, nicht wahrnehmbar, ohne Ursprung, ohne Eigenschaften usw."

Referenz: Mu. 1.1.5, Mu. 1.1.6, Br. 3.8.8

Thema 21 - Mundaka Upanishade 3.1.1 und Katha Upanishade 1.3.1 bilden ein Vidya [die zwei Vögel auf dem Baum]

3.3.34 Weil die gleiche Sache als solche und so beschrieben wird.

Referenz: Mu. 3.1.1, Ka. 1.3.1, Sv. 4.6

Thema 22 - Brihadaranyaka Upanishade 3.4.1 und 3.5.1 bilden ein Vidya

3.3.35 Da das Selbst in allem ist, so wie im Falle des Aggregats der Elemente.

Referenz: Br. 3.4.1, Br. 3.5.1, Sv. 6.11

3.3.36 Wenn behauptet wird [dass die beiden Vidyas getrennt sind] denn andernfalls kann die Wiederholung nicht erklärt werden, so antworten wir, dem ist nicht so; es ist die Wiederholung in einer anderen Anweisung [in der Chandogya Upanishade].

Kommentar: Im früheren Brahmana wird Atman als getrennt vom Körper und den Sinnen gelehrt. Im späteren Brahmana wird Atman als frei von Hunger usw. gelehrt. Aber die Vidya ist dieselbe.

Thema 23 - Die gegensätzige Aussage von „Er ist ich" und „Ich bin Er" in Ai Ar. 2.2.4.6 dient zum Zweck der Meditation

3.3.37 Es gibt einen Austausch [der Meditation], weil die Texte zwei Meditationen unterscheiden; sowie in anderen Fällen.

Kommentar: Daher muss eine doppelte Meditation zugelassen werden, keine einzige. Dies bestätigt die Einheit des Selbst.

Thema 24 - Brihadaranyaka Upanishade 5.4.1 und 5.5.3 behandeln ein Vidya über Satya Brahman

3.3.38 Dasselbe [Satya Vidya wird an beiden Stellen gelehrt] aufgrund [der Eigenschaften wie] Satya und so weiter.

Referenz: Br. 5.4.1, Br. 5.5.3, Ch. 1.6.1

Thema 25 - Erwähnte Eigenschaften in der Ch. 8.1.1 und Br. 4.4.22 sind aufgrund einer Reihe von Gemeinsamkeiten in beiden Texten zusammenzufassen

3.3.39 Gemeinsame Eigenschaften wie wahrer Wunsch usw. [in der Chandogya Upanishade mit Bezug auf Saguna Brahman] in der anderen [in der Brihadaranyaka Upanishade mit Bezug auf Nirguna Brahman] und die bereits genannten sind aufgrund des Aufenthalts zu vereinen.

Kommentar: Aber da der qualifizierte Brahman [Saguna Brahman] grundsätzlich eins mit dem unqualifizierten Brahman [Nirguna Brahman] ist, müssen wir daraus schließen, dass das Sutra die Kombination der Eigenschaften lehrt, um Brahman zu verherrlichen und nicht zum Zweck tiefer Meditation.

Referenz: Ch. 8.1.1, Br. 4.4.22, Br. 4.3.14

3.3.40 Aufgrund des gezeigten Respekts [gegenüber dem Pranagnihotra im Sruti] kann es keine Unterbrechung [dieser Handlung] geben [auch wenn die Einnahme von Nahrung unterlassen wird].

3.3.41 Das Pranagnihotra soll von diesem [Nahrung], wenn es vorhanden ist, selbst ausgeführt werden, denn das ist die Erklärung [der Schrift].

Kommentar: Dieses Sutra widerlegt die im letzten Sutra geäußerte Ansicht und erklärt, dass Pranagnihotra nicht an Fasttagen beachtet werden muss, weil im Sruti ausdrücklich erklärt wird:
„Wenn es Nahrung gibt, sollte das Pranagnihotra Opfer ausgeführt werden, wenn es keine Nahrung gibt [Fasttage] muss es nicht durchgeführt werden."

Referenz: Ch. 19.1

Thema 27 - Upasanas [Meditationen] im Zusammenhang mit Riten sind nicht verpflichtend.

3.3.42 Es gibt keine Regel um Meditationen mit Yajnas [Opfer] zu vereinen, daher sind Meditationen [Upasanas] kein Teil des Rituals und daher optional.

Referenz: Ch. 1.1.10

*Thema 28 - Die Meditationen über Vayu und Prana sind trotz
der essentiellen Einheit beider zu trennen*

Kommentar: Obwohl die Meditation aus der adhyatmischen
Sichtweise ist, gibt es eine Trennung zur Adhidaivata-
Sichtweise. Daher müssen die Meditationen über Prana und
Vayu getrennt gehalten werden. Dieses Prinzip wurde von
Jaimini in Purvamimamsa begründet.

Referenz: Ch. 4.3.3, Br. 1.5.21

3.3.43 Wie bei den Opfergaben [müssen Vayu und Prana
auseinandergehalten werden]. Dies wurde erklärt [im
Purvamimamsa Sutra].

*Thema 29 - Die Feuer in Agnirahasya des Brihadaranyaka sind
nicht Teil des Opferrituals, sondern bilden ein eigenes Vidya*

3.3.44 Die Feuer [des Verstands, der Sprache usw., von
Agnirahasya] bilden aufgrund der Fülle der indikativen
Merkmale keine Teile irgendeines Ritus; denn diese
Merkmale sind stärker als der Kontext. Das sagte auch
Jaimini.

Referenz: Purvamimamsa 3.3.14

3.3.45 Aufgrund des Kontextes sind die konzeptuellen Feuer
alternativ für das zuvor vorgeschriebene eigentliche Feuer zu
verwenden; [sie] sollten Teil des Opferrituals sein so wie das
imaginäre Getränk oder die Manasa-Tasse.

3.3.46 Und aufgrund der Ausdehnung [der Eigenschaften des
tatsächlichen Feuers auf diese imaginären Feuer].

3.3.47 Aber sie [die Feuer] bilden eher das Vidya, weil es [im Sruti] behauptet wird.

3.3.48 Und dank der indikativen Merkmale.

3.3.49 [Die Ansicht, dass die Feuer ein unabhängiges Vidya darstellen] kann aufgrund der größeren Autorität des Sruti usw., nicht widerlegt werden.

3.3.50 Aufgrund der Verbindung mit dem Verstand und anderen Gründen sind die mentalen Feuer unabhängig, auch wenn es andere Meditationen sind. Diese Riten werden als unabhängig betrachtet und [unabhängig von ihrem Kontext] behandelt, so wie es von Jaimini hervorgehoben wurde.

3.3.51 Das Feuer ist von der Vidya unabhängig, Ähnlichkeiten machen nicht verschiedene Dinge zu einem.

Referenz: Sat. Br. X.5.2.3, Ch. 5.4.1

3.3.52 Und aus dem folgenden [Brahmana] ist die Tatsache bekannt, dass der Text [in der Diskussion] so ist [ein unabhängiges Vidya vorschreibt].

Kommentar: Die imaginären Feuer die durch den Verstand angezündet werden sind nur für die Meditation gedacht und die Verbindung zum realen Feuer aufgrund der ähnlichen Eigenschaften. Es stellt ein unabhängiges Vidya dar.

Referenz: Sat. Br. X.5.2.23

3.3.53 Einige behaupten, das Selbst existiert nur dort, wo ein Körper ist [oder das Bewusstsein ist eine Eigenschaft des Körpers].

Kommentar: Ansicht der Materialisten.

3.3.54 So wie Wahrnehmung und Wahrnehmender, ist das Selbst vom Körper getrennt.

Kommentar: Bewusstsein kann nicht Teil des physischen Körpers sein, weil wir kein Bewusstsein in einem toten Körper finden.
Dieses Bewusstsein ist eine Eigenschaft von etwas, das sich vom Körper unterscheidet und im Körper bleibt [oder belebt].

Das Subjekt und das Objekt können möglicherweise nicht identisch sein.
Feuer kann sich nicht selbst verbrennen. Der Akrobat kann nicht auf seiner eigenen Schulter stehen. Kann Ton einen Ton hören?
Das Bewusstsein ist ewig, da es immer dieselbe Qualität besitzt. Außerdem funktioniert das Bewusstsein in Träumen auch ohne die Hilfe des Körpers.

Also muss der Erfahrende dieses Körpers, der diesen Körper wahrnimmt, anders als der Körper sein. Wer diesen Körper wahrnimmt, ist der Atman. Daher ist das Bewusstsein die Natur dieses Selbst [Atman].

Thema 31 - Meditationen im Zusammenhang mit
Opferhandlungen [Yajnas], z. B. die Udgitha Upasana betreffen
alle Schulen

3.3.55 Diese Meditationen [z. B. Udgitha] betreffen alle Schulen.

Referenz: Ch. 1.1.1, Ch. 2.2.1

3.3.56 Sonst gibt es keinen Widerspruch, wie im Fall von Mantren und dergleichen.

Kommentar: So wie Mantren usw., die nur in einer einzigen Schule erwähnt und in einer anderen Schule mit Bezug auf diesen besonderen Ritus verwendet werden, können auch die Upasanas [Meditationen], die mit bestimmten Riten einer Schule des Veda verbunden sind, in anderen Schulen angewendet werden.

Thema 32 - Vaisvanara Upasana ist ein ganzes Upasana [Meditation]

3.3.57 Sruti erwähnt, so wie ein gesamtes Yajna sollte es als eine gesamte Meditation und nicht als einzelne Teile betrachtet werden.

Referenz: Ch. 5.11.1, Ch. 5.12.2, Ch. 5.18.2

Thema 33 - Verschiedene Vidyas so wie die Sandilya Vidya, Dahara Vidya, usw. sind getrennt zu halten und nicht zu einer ganzen Upasana [Meditation] zusammenzufassen [obwohl alle auf die gleiche Wahrheit zeigen]

3.3.58 Die Vidyas [Meditationen] sind unterschiedlich, weil es einen Unterschied in der Terminologie und dergleichen gibt.

Kommentar: Die Formen der Meditation, wie z. B. die Sandilya Vidya, die Satya Vidya, die Dahara Vidya, die Vaisvanara Vidya, sind aufgrund der Namen und Prozesse, der Wörter und der Attribute unterschiedlich. Doch jede von ihnen lehrt die Anbetung des gleichen Herrn. Unter einem bestimmten Aspekt wurden Meditationen mit verschiedenen Namen und Formen beschrieben, um sich an verschiedene Schüler anzupassen.

Referenz: Ch. 3.14.1

Thema 34 - Unter den Vidyas, die sich auf Brahman beziehen, sollte jede Einzelne nach seiner Wahl ausgewählt werden

3.3.59 Es gibt eine Option [mit Respekt gegenüber den verschiedenen Vidyas], da das Ergebnis [aller Vidyas] gleich ist.

Kommentar: Die wichtigsten Vidyas [Meditationen] sind: Sandilya Vidya, Bhuma Vidya, Sat Vidya, Dahara Vidya, Upakosala Vidya, Vaisvanara Vidya, Udgitha Vidya, Anandamaya Vidya, Akshara Vidya.

Man kann jeder Meditation [Vidya] aufgrund seiner Wahl folgen, weil das Ergebnis aller Vidyas dasselbe ist; die Erkenntnis von Brahman daher Selbsterkenntnis.

Thema 35 - Vidyas [Meditationen], die bestimmte Wünsche hervorbringen, sollen oder auch nicht nach Belieben kombiniert werden

3.3.60 Aber Vidyas für besondere Wünsche können kombiniert oder nicht kombiniert werden.

Kommentar: Wenn wir viele Vidyas annehmen [oder wünschen], wird der Verstand und der spirituelle Fortschritt verzögert.
Wenn Brahman durch eine Meditation [Vidya] verwirklicht wird, wäre eine zweite Meditation sinnlos.

Thema 36 - Einige behaupten das man Meditationen verbinden kann

3.3.61 So wie Hymnen für ein Yajna [Ritual] können Meditationen nach Belieben kombiniert werden.

3.3.62 [Die Meditationen sind zu kombinieren] weil sie auch vorgeschrieben sind [in den Veden].

3.3.63 Einige behaupten Meditationen können aufgrund der Verbesserung kombiniert werden.

Referenz: Ch. 1.5.5

3.3.64 Und aufgrund der Sruti Erklärung das „OM" ein gemeinsames Merkmal der vedischen Riten und allen Veden gemeinsam ist.

Referenz: Ch. 1.1.9

3.3.65 Sruti behauptet nicht das sie [Meditationen] kombiniert werden müssen.

Kommentar: Kein Sruti bezieht sich auf eine solche Zwangskombination der Meditationen [Upasanas]. Sie können also einzeln oder in Kombination nach Belieben durchgeführt werden. Ein Yajna kann mit oder ohne Meditation ausgeführt werden aber eine Meditation kann zur Selbsterkenntnis führen.

3.3.66 Und weil das die Sruti [Schrift] behauptet [zeigt].

Kommentar: Die Meditationen sind daher nach eigenem Belieben kombinierbar oder auch nicht.

Referenz: Ch. 4.17.10

TEIL 3 - PADA 4

Thema 1 - Das Wissen über Brahman [Selbsterkenntnis] ist den Riten nicht untergeordnet

3.4.1 Daraus ergibt sich [Brahma Vidya oder Selbsterkenntnis] der Sinn des Menschen, weil das die Schriften behaupten; so der Weise Badarayana.

Kommentar: Diese und ähnliche Schriften erklären nachdrücklich, dass die Erkenntnis von Brahman den höchsten Zweck des Menschen erfüllt.

Referenz: Mu. 3.2.9, Tai. 2.1, Ch. 3.4.1, Ch. 6.14.2, Ch. 8.7.1, Br. 4.5.6

3.4.2 Jamini meint, Selbsterkenntnis ist eine ergänzende Handlung.

3.4.3 Weil wir [aus den Schriften] ein solches Verhalten [von Menschen mit Erkenntnis] finden.

Referenz: Ch. 5.11.5, Br. 3.1.1

3.4.4 [Sie behaupten] Weil die Schrift eindeutig erklärt, dass das Wissen über Brahman in einem untergeordneten Verhältnis zu Riten steht.

Referenz: Ch. 1.1.10

3.4.5 Weil die beiden [Wissen und Handlung] zusammen mit der abreisenden Seele wandern, um Früchte der Handlungen zu erhalten.

Referenz: Br. 4.4.2

3.4.6 [Sie behaupten] Weil die Schriften nur für jene sind [die den Sinn der Veden verstehen].

Referenz: Ch. 8.15.7

3.4.7 [Sie behaupten] aufgrund vorgeschriebener Regeln.

Referenz: Isa. 2, Sat. Br. XII.4.1.1

3.4.8 Aber weil [die Schriften] lehren das [das höchste Selbst] anders [als der Jiva ist] ist Badarayanas Ansicht richtig [oder gültig], denn das wird so [in Schriftstellen] betrachtet.

Kommentar: Sutra 2-7 ist die Ansicht der Mimamsakas, die in Sutra 8-17 widerlegt wird.

Referenz: Ka. 2.6.2, Mu. 1.1.9, Tai. 2.8, Ch. 6.2.3

3.4.9 Aber die Erklärungen im Sruti unterstützen gleichermaßen beide Ansichten.

Kommentar: In den heiligen Schriften herrscht die gleiche Autorität, dass Vidya [Wissen] dem Karma nicht [Handlung] untergeordnet ist, dass es für jemanden der Selbsterkenntnis erlangt hat, keine Arbeit gibt. Personen wie z.B. Janaka und andere zeigen, dass diese Menschen durch Karma [Handlungen] als ein Beispiel für die Menschheit dienten, damit die soziale Ordnung bewahrt werden konnte. Ihre Arbeit [Karma] war von keiner Anhaftung [Bindung] geprägt und daher praktisch keine Arbeit [Karma].

Referenz: Br. 3.5, Br. 4.5.15

3.4.10 [Die in Sutra 4 erwähnte schriftliche Erklärung] ist nicht universell anwendbar.

3.4.11 Es gibt eine Aufteilung von Wissen und Handlung so wie bei hundert [aufgeteilt auf zwei Personen].

Kommentar: Der zitierte Text gilt nur für das Wissen und die Handlung, die sich auf die wandernde Seele beziehen, aber nicht auf die Seele, die im Begriff ist, endgültige Befreiung zu erlangen.

Referenz: Br. 4.4.6

3.4.12 [Die Schriften schreiben Handlung] für diejenigen vor, die lediglich die Veden gelesen haben.

Kommentar: Wer die Veden gelesen und von den Riten erfahren hat, darf Riten ausführen. Aber für jemanden der Erkenntnis über Brahman [Brahma Jnana] besitzt, ist keine Handlung vorgeschrieben.

3.4.13 Es gibt keine Spezifikation [einer Regel] für den der Selbsterkenntnis erlangt.

Mahanarayana Upanishade der Tait. Ar. X.5 erklärt: „Nicht durch Karma [Riten], weder durch Nachkommen noch durch Reichtum, kann man Unsterblichkeit erlangen. Allein durch Entsagung haben einige große beseelte Wesen Unsterblichkeit erlangt."

Referenz: Isa. 2

3.4.14 Oder vielmehr die (erteilte) Zustimmung zu religiösen Handlungen dient der Verherrlichung des Wissens.

Kommentar: Ein Jnani oder Kenner des Selbst kann sein ganzes Leben lang arbeiten aber er wird aufgrund der Selbsterkenntnis nicht an seine Wirkungen [Früchte] gebunden. Selbsterkenntnis hebt die Wirkung von Karma auf.

3.4.15 Und einige nach ihrem eigenen Belieben [haben alle Handlungen aufgegeben].

Kommentar: Einige mögen daran arbeiten, anderen ein Beispiel zu geben, nachdem sie Erkenntnis erlangt haben, während andere alle Handlungen aufgeben können. Es gibt hinsichtlich der Arbeit keinen Zwang gegenüber den befreiten Weisen.

Referenz: Br. 4.4.22

3.4.16 Und die Schrift lehrt, dass die Zerstörung aller Früchte und Handlungen aus der Erkenntnis resultiert.

Kommentar: Die Kenntnis von Brahman vernichtet alle Unwissenheit und ihre Effekte wie Handelnder, Handlungen und Früchte der Handlungen.

Referenz: Mu. 2.2.9, Br. 4.5.15

3.4.17 Und [die Selbsterkenntnis gehört] denen, die ewiges Zölibat einhalten, denn in der Schrift wird dieser Lebensabschnitt erwähnt.

Kommentar: Für einen Sannyasi, ist keine Arbeit vorgeschrieben außer der Suche nach Erkenntnis daher Brahman und der Meditation über das höchste Selbst.

Referenz: Mu. 1.10.11, Ch. 2.23.1, Ch. 5.10.1, Br. 4.4.22

Thema 2 - Sannyasa wird in den Schriften vorgeschrieben

3.4.18 Jaimini ist der Ansicht, dass schriftliche Texte in denen die Lebensphasen des zölibatären Lebens verpflichtend und erwähnt werden, nur einen Verweis [auf diese Phasen] enthalten; sie sind keine Aufforderungen; denn andere [schriftliche Texte] verurteilen [diese Phasen].

Referenz: Tai. 1.11.1, Ch. 2.23.1

3.4.19 Badarayana hält fest, dass Sannyasa ebenfalls durchlaufen werden muss, da sich der schriftliche Text gleichermaßen auf alle vier Asramas oder Lebensabschnitte bezieht.

3.4.20 Oder vielmehr gibt es eine Aufforderung [in diesem Text] wie im Falle des Tragens [des Opferholzes].

Kommentar: Sannyasa ist ein Mittel zur Erkenntnis von Brahman.
„Der wandernde Bettler mit orangefarbener Robe, rasiert, ohne Frauen, rein und ohne Gewissen, lebt von Almosen, nimmt keine Geschenke an und qualifiziert sich selbst für die Erkenntnis von Brahman." [Jabali Sruti]

Referenz: Ch. 2.23.1

Thema 3 - Schriftliche Aussagen wie in der Ch. 1.1.3, die sich auf Vidyas beziehen, sind nicht nur Verherrlichung, sondern schreiben Meditationen vor

3.4.21 Wenn man behauptet, dass Texte wie der über die Udgitha bloße Verherrlichungen aufgrund des Kontexts [der Teile von Riten] sind, so sagen wir, dem ist nicht so, weil sie etwas Neues erklären.

Kommentar: In der Sruti Passage „Die Udgitha [OM] ist die beste Essenz der Essenzen" usw., ist die Beschreibung nicht nur Verherrlichung, sondern ein Vidhi und sie beschreibt uns etwas Neues.

Referenz: Ch. 1.1.3, Ch. 1.6.1, Sat. Br. X.1.2.2

3.4.22 Und es gibt Worte, die einen Zweck ausdrücken.

Kommentar: „Lasse über OM oder die Udgitha meditieren" [Ch. 1.1.1]. Wir erhalten in diesem Abschnitt eine sehr klare Aufforderung über OM, zu meditieren. Somit können wir den im letzten Sutra zitierten Text nicht als reine OM Verherrlichung interpretieren.

Thema 4 - Die aufgezeichneten Geschichten der Upanishaden dienen nicht dem Zweck von Yajnas [Riten] oder nur als Geschichten

3.4.23 Wenn behauptet wird, dass die Geschichten, die in den Upanishaden erzählt werden für die Zwecke von Pariplava sind, so sagen wir, dem ist nicht so, weil bestimmte Geschichten vom Sruti zu diesem Zweck angegeben werden.

Kommentar: Geschichten aus den Upanishaden über Manu, Yama oder Varuna sind nicht nur „Geschichten", sondern dienen dem Zweck der Liebe zur Erkenntnis [Atman].

Referenz: Ch. 4.1.1, Br. 4.5.1, Kau. 3.1

3.4.24 Die Geschichten verehren Vidyas und dienen als Illustrationen.

Kommentar: Eine Geschichte erzeugt mehr Aufmerksamkeit und Interesse seitens des Schülers. Ihr Ziel ist es, das Verständnis in einer konkreten Form zu verdeutlichen, die Vidyas in anderen Teilen der Upanishaden abstrakt gelehrt haben.

3.4.25 Und deshalb ist es nicht notwendig, das Feuer anzuzünden und so weiter.

Referenz: Ch. 2.23.1

Thema 6 - Dennoch sind die von den Schriften vorgeschriebenen Handlungen nützlich, da sie ein indirektes Mittel zur Erkenntnis sind

3.4.26 Und es besteht die Notwendigkeit aller Handlungen, weil die Schriften, Riten usw. [als Mittel zur Erlangung von Erkenntnis] vorschreiben, so wie ein Pferd [verwendet wird, um einen Wagen zu ziehen und nicht zum Pflügen].

Kommentar: Die endgültige Selbsterkenntnis ergibt sich nur aus der Kenntnis von Brahman und nicht durch Handlungen. Handlung reinigt den Verstand und Erkenntnis erwacht im reinen Verstand. Daher sind Handlungen nützlich, da sie ein indirektes Mittel zur Erkenntnis sind.

Referenz: Ka. 1.2.15, Ch. 8.5.1

3.4.27 Aber trotzdem [auch wenn es keine Anweisung gibt, Riten zu vollziehen, um im Brihadaranyaka-Text Erkenntnis zu erlangen] muss man Gelassenheit, Selbstbeherrschung und Selbstkontrolle und dergleichen besitzen, da diese als Hilfsmittel zur Erkenntnis vorgeschrieben sind und daher zwangsläufig praktiziert werden müssen.

Referenz: Br. 4.4.23

3.4.28 Nur wenn das [physische] Leben in Gefahr ist, existiert die Erlaubnis, alle Nahrungsmittel zu nehmen [daher wahllos zu essen], weil das im Sruti erklärt wird.

Referenz: Ch. 5.2.1

3.4.29 Und weil so den schriftlichen Aussagen bezüglich der Nahrung nicht widersprochen wird.

Kommentar: Im Fall des Weisen, dessen Herz immer rein und scharfsinnig ist, behindert die Einnahme solcher Nahrung nicht die Leistung seines Gehirns und sein Wissen bleibt so rein wie immer.

Referenz: Ch. 7.26.2

3.4.30 Außerdem unterstützen die Smritis diese Ansicht.

3.4.31 Und aufgrund der Schrift, die eine Erlaubnis verbietet.

Kommentar: Perfekte spirituelle Disziplin ist absolut notwendig, um den Verstand und die Sinne zu kontrollieren. Solche Sruti Texte sind für diese Disziplin gedacht. Man sollte die Anweisungen der heiligen Schriften in gewöhnlichen Zeiten streng beachten.

Thema 8 - Die Aufgaben des Asrama [Lebensordnungen] sollen auch von einem, der nicht nach Selbsterkenntnis strebt, erfüllt werden

3.4.32 Und die Pflichten der Asramas sind auch von dem zu erfüllen, der keine Selbsterkenntnis wünscht, weil sie ihm [von der Schrift] verordnet werden.

Kommentar: Im Falle eines Menschen, der sich an die Asramas hält, jedoch keine Selbsterkenntnis anstrebt, sind die Nityakarmas [ständige Pflichtaufgaben] unerlässlich. Laut Sruti: „Yavajjivam agnihotram juhoti - solange sein Leben dauert, soll man das Agnihotra durchführen."

3.4.33 Und [die Pflichten sind auch] als Mittel zur Erkenntnis [zu erfüllen].

3.4.34 In allen Fällen müssen die gleichen Aufgaben aufgrund der zweifachen Merkmale erfüllt werden.

Kommentar: In jeder Hinsicht, ob es sich um Aufgaben handelt, die einem Haushälter obliegen oder der Selbsterkenntnis, sind die Opferhandlungen, die für die Ausführung vorgeschrieben sind, gleich und daher nicht verschieden.

Referenz: Br. 4.4.22, BG. 6.1

3.4.35 Und die Schrift erklärt auch, dass derjenige, der Brahmacharya praktiziert, nicht [durch Leidenschaft, Wut usw.] überwältigt wird.

Referenz: Ch. 8.5.3

Thema 9 - Wer zwischen zwei Asramas [Lebensordnungen] steht [z. B. ein Witwer], hat ebenfalls Anspruch auf Erkenntnis

3.4.36 Und Personen, die zwischen zwei Asramas stehen, sind auch für die Erkenntnis qualifiziert, denn das wird so [in der Schrift] gesehen.

Referenz: Ch. 4.1, Br. 3.6.8

3.4.37 Dies wird auch in Smriti angegeben.

3.4.38 Und die Förderung [des Wissens wird ihnen] durch die Gnade des Höchsten verliehen.

Kommentar: Laut Smriti: „Durch reines Gebet perfektioniert sich der Brahmane zweifellos selbst. Möge er andere Werke vollbringen oder nicht, der gutherzige Mensch ist ein Brahmana." [Manu Samhita 2.87]
Smriti erklärt dies ebenfalls: siehe BG. 6.45

3.4.39 Aber besser ist es, zu einem Asrama zu gehören, aufgrund der indikativen Merkmale [im Sruti und Smriti].

Referenz: Br. 4.4.9

Thema 10 - Wer das Gelübde des lebenslangen Zölibats [Sannyasa] abgelegt hat, kann nicht zu seinen früheren Lebensabschnitten zurückkehren

3.4.40 Aber für jemanden, der so geworden ist [daher in das höchste Asrama, Sannyasa, eingetreten ist], gibt es keine Rückkehr [zu den vorhergehenden] aufgrund von Beschränkungen, die eine Umkehr oder einen Abstieg in eine niedrigere Ordnung verbieten. Jaimini ist auch dieser Meinung.

„Wenn man einmal in den Wald zurückgekehrt ist, sollte man nie wieder in den Haushalt zurückkehren. Ein Sannyasi sollte nicht erneut das Feuer im Haushalt entfachen nachdem er einmal darauf verzichtet hat."

Referenz: Ch. 2.23.1

Thema 11 - Sühne für denjenigen, der das Gelübde des lebenslangen Zölibats bricht

3.4.41 Und es gibt keine Sühne im Falle eines Naishthika Brahmachari [der unmoralisch ist], weil ein Sturz [in seinem Fall] aus dem Smriti abgeleitet wird und aufgrund der Unwirksamkeit [in seinem Fall] der Sühnezeremonie.

Kommentar: Es gibt keine Sühne für einen Brahmachari, der unmoralisch ist.
Die Sühnezeremonie, die im Purvamimamsa 6.8.22 erwähnt wird, bezieht sich auf gewöhnliche Brahmachari und nicht auf unmoralische Brahmachari.

3.4.42 Einige halten dies jedoch für eine kleine Sünde und räumen Sühne ein, wie im Falle des Verzehrs verbotener Lebensmittel. So wird es von Jaimini erklärt.

Kommentar: Es ist nur der Geschlechtsverkehr mit der Frau des spirituellen Lehrers [Gurus], der eine Mahapataka [große Sünde] ist. Die kleine Sünde wurde im Purvamimamsa von Jaimini im Kap. 1.3.8 erklärt.

Thema 12 Der im lebenslangen Zölibat lebt, jedoch seinen Eid nicht hält, muss exkommuniziert werden

3.4.43 Aber [sie sind] außerhalb der Gesellschaft auf jeden Fall zu halten, aufgrund der Smriti und dem Brauch.

Thema 13 - Die verbundenen Meditationen mit den untergeordneten Mitgliedern der Riten sind vom Priester und nicht vom Opferanbeter durchzuführen

3.4.44 Dem Opferanbeter [gehört die Handlung in den Meditationen], weil der Sruti eine Frucht [für sie] erklärt: so der Weise Atreya.

Referenz: Ch. 2.3.2

3.4.45 Sie sind die Pflicht des Ritvik [Priester], weil er dafür bezahlt wird [die Ausführung des gesamten Opfers]. Das ist die Ansicht des Weisen Audulomi.

3.4.46 Und weil es im Sruti erklärt wird.

Referenz: Ch. 1.7.8, Sat. Br. I.3., I.26

Thema 14 - In der Br. 3.5.1 besteht Weisheit aus der Kombination von unschuldigem Wissen und infantiler Einfachheit

3.4.47 So wie Yajnas wird ständige Meditation vorgeschrieben.

Kommentar: „Muni" ist eine Person, die ständig über Brahman meditiert. So ist die ständige Meditation die dritte

Hilfe für jemanden, der bereits Panditya [Wissen] und Balya [kindlicher Zustand] besitzt.

Referenz: Br. 3.5.1

3.4.48 Da er aber alles ist, wird der Hausherr hervorgehoben.

Kommentar: Der Sruti endet mit dem Haushälter, da er alle Pflichten besitzt. Er muss schwere Opfer bringen und ebenfalls Ahimsa, Selbstbeherrschung usw. beachten. Da das Leben des Haushälters die Pflichten aller anderen Lebensabschnitte umfasst, endet das Kapitel mit der Aufzählung der Pflichten des Haushälters.

Referenz: Ch. 8.15.1

3.4.49 Weil die Schrift die anderen Lebensabschnitte [daher Brahmacharya und Vanaprastha] vorschreibt, so wie sie den Zustand eines Muni [Sannyasi] vorschreibt.

Kommentar: Dieses Sutra besagt, dass die Schrift die Einhaltung der Pflichten aller Lebensordnungen vorschreibt.

Thema 15 - Der kindliche Zustand bedeutet frei von Egoismus, Wut, Leidenschaft usw. zu sein

3.4.50 [Der kindliche Zustand bedeutet] frei von Egoismus, von Wut, Leidenschaft usw. zu sein. So passt es in den Kontext.

Thema 16 - Zeit der Frucht des Wissens [Erkenntnis]

3.4.51 In diesem Leben [findet die Entstehung der Erkenntnis statt], wenn es keine Behinderung [der eingesetzten Mittel] gibt, weil es in den Schriften so beschrieben wird.

Referenz: Ka. 1.27, BG. 6.43, BG. 6.45

Thema 17 - Befreiung ist überall einheitlich

3.4.52 Für die Befreiung, die Frucht der Erkenntnis gibt es keine feste Regel, weil dieser Zustand im Sruti als [unveränderlich] bestätigt wird.

Kommentar: Mit Bezug auf Saguna Brahman sind Unterschiede möglich. Nirguna Brahman, daher die absolute Realität ist jenseits aller Unterschiede.

TEIL 4 - PADA 1

Thema 1 - Die von den Schriften vorgeschriebene Meditation über Brahman soll solange wiederholt werden, bis Erkenntnis erlangt wird

4.1.1 Die Wiederholung [des Hörens, der Reflexion und der Meditation über Brahman] ist aufgrund der wiederholten schriftlichen Lehren, notwendig.

Referenz: Br. 2.4.5, Br. 4.4.21, Ch. 8.7.1

4.1.2 Und aufgrund der richtungsweisenden Merkmale.

Kommentar: Aufgrund der Wiederholung werden Schritt für Schritt alle Missverständnisse beseitigt und führen zu einem vollständigen Verständnis.

Referenz: Ch. 1.5.2, Tai. 3.2

Thema 2 – Identität des Selbst mit Brahman

4.1.3 Aber die Srutis erkennen Brahman als das Selbst [des Meditierenden] an und lehren auch andere.

Kommentar: Deshalb sollte man über Brahman als das Selbst meditieren.

Referenz: Ch. 3.18.1, Ch. 6.8.7, Br. 1.4.10, Br. 3.7.3, Br. 3.4.1

Thema 3 - Die Symbole über Brahman sind mit dem Selbst nicht identisch

4.1.4 Das Symbol ist nicht das Selbst des Meditierenden.

Kommentar: Wo Wahrnehmung von Verschiedenartigkeit oder Pluralität existiert, ist der Meditierende vom Symbol verschieden. Der Meditierende soll Atman nicht als Symbol betrachten.

Referenz: Ch. 3.18.1

Thema 4 - Wenn man über ein Symbol meditiert, sollte das Symbol als Brahman und nicht Brahman als Symbol betrachtet werden

4.1.5 [Das Symbol] ist als Brahman zu betrachten [und nicht umgekehrt].

Thema 5 - Untergeordnete Teile von Riten wie die Sonne und so weiter

4.1.6 Und die Ideen der Sonne usw. sollen als untergeordnete Vorstellungen [von Riten] betrachtet werden, weil dadurch die Aussage der Schriften logisch wäre.

Kommentar: Die Udgitha sollte auf das Niveau der Sonne erhoben werden und nicht umgekehrt. Auf diese Weise sollte sich ein Meditierender auf die Ebene von Brahman erheben, indem er sich selbst als Brahman betrachtet.

Referenz: Ch. 1.3.1, Ch. 2.2.1, Ch. 2.8.1, Ch. 1.6.1

Thema 6 - Man meditiert im Sitzen

4.1.7 Eine Sitzposition ist in der Meditation praktikabel.

4.1.8 Und aufgrund der Meditation.
Kommentar: Die Ablenkung des Verstands wird minimiert, wenn man in einer sitzenden Position meditiert.

4.1.9 Und mit Bezug auf die Unbeweglichkeit [die Schriften schreiben der Erde einen meditativen Zustand zu].

Kommentar: Wenn der Körper ruhig ist, wird der Verstand friedlicher. Wenn der Körper in Bewegung oder unruhig ist, wird auch der Verstand unruhig. In der Passage „Die Erde meditiert sozusagen" wird der Erde eine Art Meditation aufgrund ihrer Unbeweglichkeit oder Beständigkeit zugeschrieben.

4.1.10 Die Smritis erwähnen es auch [dasselbe].

Referenz: BG. 6.11

Thema 7 - Mit Bezug auf die Meditation existiert keine Einschränkung der Räumlichkeit [Ort]

4.1.11 Wo immer eine Konzentration des Verstands erreicht wird, dort ist Meditation zu praktizieren, daher gibt es keine Vorgaben [was den Ort betrifft].

Kommentar: Aber Orte, die sauber sind, frei von Kies, Feuer, Staub, Geräusche, stehendem Wasser und Ähnlichem sind wünschenswert, da solche Plätze die Meditation unterstützen. Aber es gibt für Ort, Zeit und Richtung keine festgelegten Vorgaben.

Thema 8 - Meditationen sind bis zum Tod zu befolgen

4.1.12 Bis zum Tod [daher bis man Moksha oder Selbsterkenntnis erreicht] müssen Meditationen wiederholt werden; denn so wird es auch in der Schrift erklärt.

Referenz: Sat. Br. X.6.3.1, Ch. 3.17.6, Pr. 4.2.10, BG. 8.6, BG. 8.10

Thema 9 - Die Erkenntnis von Brahman befreit einen von den Auswirkungen aller vergangenen und zukünftigen Sünden

4.1.13 Durch die Erkenntnis dessen [von Brahman] kommt es zur keiner Bindung und Vernichtung zukünftiger und früherer Sünden, weil es in den Schriften erklärt wird.

Kommentar: Nirguna-Brahma-Vidya beendet die Vorstellung eines Handelnden und zerstört alle Sünden. Daher ist er in zukünftig kein Handelnder [ohne Ego-Gedanke] und die Auswirkungen von früheren Handlungen werden durch die Selbsterkenntnis zerstört [bis auf Prarabdha Karma]. Sonst würde es keine Befreiung geben, da Karma Anadi ist [ohne Anfang].

Referenz: Mu. 2.2.8, Ch. 4.14.3, Ch. 5.24.3

Thema 10 - Gute Taten wirken sich nicht mehr auf den Kenner von Brahman aus

4.1.14 In gleicher Weise gibt es auch keine Bindung des Anderen [Punya oder gute Taten]; aber beim Tod ist Befreiung [Videha-Mukti] gewiss.

Kommentar: Ein Kenner von Brahman hat keine Ahnung von einem „Handelnden". Er wird auch nicht von guten Taten berührt. Er geht über Tugend und Laster hinaus. „Er überwindet beide" [Br. 4.4.22].

Thema 11 - Vergangene Handlungen [Sanchita Karma] werden durch Selbsterkenntnis zerstört aber nicht jene, die bereits begonnen [Prarabdha Karma] haben

4.1.15 Aber nur jene [Sanchita Karma], deren Wirkung noch nicht begonnen hat [kann durch Selbsterkenntnis zerstört werden, denn die Schrift bestätigt das].

Kommentar: Wenn dem nicht so wäre, gäbe es keine Lehrer [Jnani]. Daher wird das Prarabdha Karma durch Selbsterkenntnis nicht zerstört, so wie ein Bogenschütze keine Kontrolle über die bereits abgeschossenen Pfeile hat.

Referenz: Ch. 6.14.2

Thema 12 - Regelmäßig verpflichtende Aufgaben, die den verschiedenen Asramas von den Veden zugeschrieben wurden, sollen nicht aufgegeben werden

4.1.16 Aber das Agnihotra und dergleichen tendieren zum gleichen Effekt, zur Erkenntnis [Befreiung], weil dies aus den Schriften hervorgeht.

Kommentar: Sie tragen indirekt zum Wissen [Befreiung bzw. Selbsterkenntnis] bei.

Referenz: Br. 4.4.22

4.1.17 Denn es gibt auch andere als diese [eine Klasse von guten Taten], behaupten einige. Es existiert eine Übereinstimmung von beiden [Jaimini und Badarayana].

Kommentar: Beide Lehrer, Jaimini und Badarayana, sind der Meinung, dass gute Taten, die zur Erfüllung eines besonderen Wunsches durchgeführt werden nicht zur Selbsterkenntnis führen.

Thema 13 - Riten [Yajnas], die nicht mit Wissen oder Meditationen verbunden sind, unterstützen die Selbsterkenntnis

4.1.18 Weil dies der Text „was immer er mit Wissen macht", andeutet.

Kommentar: Riten [z. B. Agnihotra] sind mächtig. Aber Riten [z. B. Agnihotra] mit einer Meditation verbunden, sind stärker.

Referenz: Ch. 1.1.10

Thema 14 - Nach der Ausschöpfung des Prarabdha Karma wird der Kenner mit Brahman eins

4.1.19 Aber nachdem die beiden anderen Handlungen [gute und böse Taten, die bereits begonnen haben] ausgeschöpft sind, wird er mit Brahman eins.

Kommentar: So zerstört Brahma Jnana [Selbsterkenntnis] alle Karmas [Sanchita]. Das Prarabdha Karma muss ausgeschöpft werden. Selbst die erleuchtete Seele kann dem Wirken von Prarabdha nicht entkommen.

Referenz: Ch. 6.14.2, Br. 4.4.6

Thema 4 - Die Art der körperlichen Abreise ist sowohl für einen Kenner von Saguna Brahman [Isvara] als auch einem gewöhnlichen Menschen gleich

4.2.7 Und die Art der Abreise [zum Zeitpunkt des Todes] ist die gleiche [für den Kenner von Saguna Brahman und einem unwissenden Menschen] bis zum Beginn des Weges [der Götter]; und die Unsterblichkeit [des Kenners von Saguna Brahman ist nur relativ], ohne das seine Unwissenheit zerstört wurde.

Kommentar: Es gibt keine Abreise für den Kenner von Nirguna Brahman [Selbsterkenntnis]. Seine Pranas sind in Brahman vereint.
Das gegenwärtige Sutra erklärt, dass beim Tod, der Kenner von Saguna Brahman in den Sushumna Nadi eindringt, danach aufsteigt und sich auf dem Weg der Götter [nördlicher Pfad] befindet. Der unwissende Mensch dringt in einen anderen Nadi ein, reist auf einem anderen Weg und wird wiedergeboren [südlicher Pfad].

Referenz: Ka. 2.3.16, Ch. 8.6.6

Thema 5 - Die Auflösung von Feuer usw. in der höchsten Gottheit ist zum Zeitpunkt des Todes nur relativ

4.2.8 Der subtile Körper existiert bis zur Erkenntnis von Brahman, weil sie [die Schriften] den Zustand der relativen Existenz [bis dahin] erklären.

Kommentar: Dieses Sutra sagt, dass diese Vereinigung keine absolute Vereinigung ist.

Obwohl Brahman die kausale Substanz dieser Elemente ist, sind sie [die Elemente] zum Zeitpunkt des Todes, so wie im Fall des Tiefschlafs oder Pralaya [kosmische Auflösung] nur relativ vereint, so dass sie in einem zukünftigen Zustand oder als Samen [für eine neue Schöpfung] weiter existieren. Knechtschaft [Samsara], die auf Unwissenheit zurückzuführen ist, kann daher nur durch Wissen zerstört werden.

Wenn die Vereinigung beim Tod absolut wäre, dann könnte es keine Wiedergeburt geben.

Referenz: Ka. 2.5.7

4.2.9 [Der subtile Körper] ist von Natur aus subtil und groß, weil er so interpretiert wird.

Kommentar: Seine Dünnheit [des subtilen Körpers] macht es möglich, durch den dünnen und subtilen Nadi hindurchzutreten und seine Transparenz ermöglicht, dass er nicht durch irgendwelche physische Substanzen gestoppt oder blockiert wird und auch nicht von anderen Menschen gesehen wird, wenn er beim Tod den physischen Körper verlässt.

4.2.10 Daher kann dieser subtile Körper nicht durch die Zerstörung [des physischen Körpers] zerstört werden.

4.2.11 Und zu diesem [subtilen Körper] allein gehört diese [körperliche] Wärme, weil dies möglich ist.

Kommentar: Der subtile Körper verleiht dem physischen Körper seine eigene Wärme und hält ihn somit warm, solange er am Leben ist. Die Schrift sagt auch: „Er ist warm, wenn er lebendig ist; kalt, wenn er stirbt."

Thema 6 - [Einige behaupten] Die Pranas eines Kenners von Nirguna Brahman reisen beim Tod nicht ab

4.2.12 Wenn behauptet wird, dass die Pranas eines Kenners von Nirguna Brahman nicht abreisen, weil die Schrift die Abreise der Pranas verneint, so sagen wir, dem ist nicht so, weil die Schrift die Abreise der Pranas einer individuellen Seele verneint [und nicht vom Körper].

Referenz: Br. 4.4.6

4.2.13 Denn die Verleugnung einer Abreise der Seele ist in den Schriften einiger Schulen überzeugend.

Kommentar: Wenn die Pranas mit der Seele vom Körper abreisen würden, dann müsste sie wiedergeboren werden. Daher wäre keine Befreiung möglich.

Referenz: Br. 3.2.11

4.2.14 Und im Smriti wird das ebenfalls erwähnt.

Kommentar: In der Mahabharata wird auch gesagt, dass diejenigen, die Brahman erkannt haben, weder vom Körper abreisen noch den Körper verlassen.

Referenz: Mahabharata 12.270.22

4.2.15 Diejenigen [Pranas] sind im höchsten Brahman vereint, denn so sagt es die Schrift.

Kommentar: Obwohl gewöhnlich die Sinne und Elemente in ihren kausalen Substanzen verschmelzen, verschmelzen sie, im Fall eines Erleuchteten [Jnani], in Brahman.

Referenz: Pr. 6.5, Mu. 3.2.7

Thema 8 - Die Kalas [elf Sinne und fünf Feinere] des Kenners von Nirguna Brahman, erreichen beim Tod die absolute Vereinigung mit Brahman

4.2.16 [Absolute] Vereinigung [der Kalas mit Brahman] aufgrund der Aussage [der Schriften].

Kommentar: Wenn die Teile [Kalas, daher die Effekte aufgrund der Unwissenheit] durch Selbsterkenntnis zerstört werden, existiert keine Möglichkeit, dass ein Rest [davon] übrig bleibt. Die Teile [Kalas] werden daher mit Brahman absolut vereint.

Referenz: Pr. 6.5

Thema 9 - Die Seele des Kenners von Saguna Brahman reist zum Zeitpunkt des Todes ins Herz und tritt durch den Sushumna [Nadi] aus

4.2.17 Wenn die Seele eines Kenners von Saguna Brahman im Begriff ist den Körper zu verlassen, findet ein Aufleuchten der

Vorderseite ihres [Seelen] Wohnortes [des Herzens] statt; die Tür [Austritt] wird dank der Kraft des Wissens und Anwendung der Meditation, die Teil dieses Wissens ist, erleuchtet; die von ihm im Herzen [Brahman] bevorzugte Seele verlässt durch diejenige, die hundert [die hundert und erste Nadi] überschreitet.

Referenz: Ch. 8.6.5, Br. 4.4.1, Br. 4.4.2

Thema 10 - Die Seele eines Kenners von Saguna Brahman folgt nach dem Tod den Strahlen der Sonne und reist nach Brahmaloka

4.2.18 [Die Seele eines Kenners von Saguna Brahman] folgt den Strahlen der Sonne.

Referenz: Ch. 8.6.5

4.2.19 Wenn behauptet wird, dass die Seele, die nachts abreist, nicht den Strahlen folgt, so sagen wir, dem ist nicht so, weil die Verbindung [der Nadis und Strahlen] solange der Körper existiert, andauert; so wird es auch im Sruti erklärt.

Kommentar: Aus diesen Gründen folgt die Seele den Strahlen sowohl bei Nacht als auch bei Tag.

Referenz: Ch. 8.6.5

4.2.20 Und aus dem gleichen Grund [folgt die verstorbene Seele den Strahlen] auch während des südlichen Laufs der Sonne.

Kommentar: In der Textstelle Ch. 5.10.1 beziehen sich die Punkte im nördlichen Lauf der Sonne auf Gottheiten [wie es unter 4.3.4 erklärt wird] und daher auf keine Zeiteinteilung.

4.2.21 Und diese Zeiten usw. werden für die Yogis im Smriti erwähnt; und diese [Wege von] Samkhya und Yoga werden in den Smritis und nicht in den Veden erwähnt.

Kommentar: Was sich in der oben erwähnten Passage auf die Zeit bezieht, deutet nur auf jene Gottheiten, die über die Tageszeit, die helle Hälfte des Monats, die Uttarayana [die erste Hälfte des Jahres] und über die Nachtzeit, über die dunkle Hälfte des Monats, die Dakshinayana [das zweite Halbjahr], herrschen.

Referenz: BG. 8.24, BG. 8.25

TEIL 4 - PADA 3

Thema 1 - Der Weg der Götter ist der einzige Weg nach Brahmaloka

4.3.1 Auf dem mit Licht verbundenen Weg [reist die verstorbene Seele eines Kenners von Saguna Brahman nach Brahmaloka], der im Sruti erklärt wird.

Kommentar: Obwohl auf diesen Weg verschiedene Schriften mit z. B. Archis [Licht], Surya [Sonne], Vayu [Wind] usw. verweisen, beziehen sich alle nur auf verschiedene Teile von Devayana [Weg der Götter], der nach Brahmaloka führt.

Referenz: Mu. 1.2.11, Ch. 5.10.1, Ch. 8.6.5, Br. 5.10.1, Kau. 1.2

Thema 2 - Die abreisende Seele erreicht die Gottheit des Jahres und dann die Gottheit der Luft

4.3.2 [Die verstorbene Seele] eines Kenners von Saguna Brahman reist von der Gottheit des Jahres zur Gottheit der Luft aufgrund des Fehlens und Vorhandenseins von Spezifikationen.

Kommentar: Daher ist die Reihenfolge: Archis [Strahlen], Ahas [Tag], Suklapaksha [helle Hälfte des Monats], dann die sechs Monate, wenn die Sonne nach Norden reist, das Jahr, die Welt der Götter, die Welt von Vayu, die Sonne, der Mond, der Blitz, die Welt von Varuna, die Welt von Indra, die Welt von Prajapati und die Welt von Brahma.

Referenz: Kau. 1.3, Ch. 5.10.1, Br. 6.2.15

Thema 3 - Die Seele reist vom Blitz [Gottheit] in die Welt von Varuna

4.3.3 Nach [Erreichen] der Gottheit des Blitzes erreicht die Seele die Welt von Varuna aufgrund der Verbindung [zwischen den beiden].

Kommentar: Die vollständige Aufzählung der Etappen des Weges der Götter ist: Zuerst die Gottheit des Feuers, dann die Gottheit des Tages, die Gottheit der hellen Monatshälfte, die Gottheiten der sechs Monate, wenn die Sonne nach Norden reist, die Gottheit des Jahres, die Gottheit der Götterwelt, die Gottheit der Luft, die Sonne, der Mond, die Gottheit des Blitzes, die Welt von Varuna, die Welt von Indra, die Welt von Prajapati und schließlich Brahmaloka.

Referenz: Ch. 7.11.1

Thema 4 - Licht usw. sind leitende Gottheiten, die sich mit Licht identifizieren und die Seelen schrittweise nach Brahmaloka begleiten

4.3.4 [Das sind] Gottheiten, die die Seele [auf dem Weg der Götter] aufgrund entsprechender Merkmale, begleiten.

Referenz: Ch. 4.15.5, Ch. 5.10.1

4.3.5 Diese Gottheiten werden als persönliche Begleiter betrachtet, weil beide [der Weg und der Reisende] in diesem Zustand unbewusst sind.

Kommentar: Die verstorbenen Seelen sind nicht in der Lage sich selbst zu leiten, wenn ihre Organe im Verstand zurückgezogen werden. Das Licht usw. ist ohne Intelligenz. Daher ist es ebenso unfähig und kann die Seelen nicht führen. Daraus folgt, dass diese besonderen intelligenten Gottheiten, die mit dem Licht usw. identifiziert wurden, die Seelen nach Brahmaloka begleiten.

4.3.6 Von dort aus werden sie [die Seelen] von derselben [übermenschlichen] Person geleitet, die zum Blitz kommt; denn von ihr spricht die Schrift.

Kommentar: Licht als jene Götter, die als Leiter oder Wächter agieren.

Referenz: Br. 6.2.15

Thema 5 - Die verstorbenen Seelen reisen auf dem Weg der Götter zu Saguna Brahman

4.3.7 Der weise Badari denkt, dass die Seelen zum konditionierten Brahman [Saguna Brahman] geführt werden, denn er kann (allein) das Ziel [ihrer Reise] sein.

Kommentar: Saguna Brahman kann tatsächlich als Ziel betrachtet werden. Aber mit Bezug auf die absolute Realität [Nirguna Brahman] existieren keine Konzepte wie „Ziel oder Fortschritt zu Nirguna Brahman", weil er allgegenwärtig ist.

4.3.8 Und (Saguna Brahman muss das Ziel sein) aufgrund der besonderen Erwähnung.

Kommentar: Weil das Wort Brahman durch das Wort „Lokam" qualifiziert ist.
Mit Bezug auf Br. 6.2.15 ist eine Mehrzahl im unendlichen Brahman [Nirguna] nicht möglich.

4.3.9 Aber aufgrund der Nähe [von Saguna Brahman zum Höchsten daher Nirguna Brahman] wird er als solcher bezeichnet [höchster Brahman].

Kommentar: Der konditionierte Brahman [Saguna Brahman oder Isvara] kann auch Brahman genannt werden, da er sich in unmittelbarer Nähe des nicht-manifestierten höchsten Nirguna Brahman befindet.

Nirguna Brahman nimmt „scheinbar" Begrenzungen [Upadhis] wie Verstand usw. an, um ein Objekt der Hingabe und Meditation zu sein, daher als Saguna Brahman.

4.3.10 Bei der endgültigen Auflösung erreichen sie [die Seelen] zusammen mit dem Herrn der Welt das was höher als Saguna Brahman ist, so ist die Erklärung im Sruti.

Kommentar: Die endgültige Vereinigung der individuellen Seele [Jiva] mit Nirguna Brahman oder dem Absoluten wird nun beschrieben.

Das Sutra erklärt, dass bei der Auflösung von Brahmaloka die Seelen, die zu dieser Zeit Selbsterkenntnis erlangt haben, zusammen mit Saguna Brahman das erreichen, was höher als Saguna Brahman ist, d.h. Nirguna Brahman. Dies wird Kramamukti oder schrittweise Befreiung genannt.

Referenz: Ch. 4.15.6, Ch. 8.6.5, Br. 6.2.15

4.3.11 Und aufgrund der Smritis [Texte, die diese Ansicht unterstützen].

4.3.12 Zum Höchsten [Nirguna Brahman] werden die Seelen geführt; weil das die primäre Bedeutung [des Wortes „Brahman"] ist, meint Jaimini.

4.3.13 Und weil es im Sruti erklärt wird.

Kommentar: Unsterblichkeit ist nur im höchsten Brahman [Nirguna] möglich.

4.3.14 Und die Entschlossenheit, Brahman zu erlangen, kann nicht mit Bezug auf Saguna Brahman sein.

Kommentar: In der Erkenntnis des höchsten Brahman [Nirguna] wird der Schleier der Unwissenheit entfernt.
Referenz: Ch. 3.14.2, Ch. 8.14.1

Thema 6 - Anbetung mit und ohne Symbole

4.3.15 Badarayana sagt, dass das übermenschliche Wesen nur diejenigen [nach Brahmaloka] führt, die in ihrer Meditation keine Symbole verwenden, da diese zweifache Trennung keinen Widerspruch beinhaltet und man zu dem wird, was man sein will.

Kommentar: Es gibt verschiedene Belohnungen für Meditationen über Symbole.
Er, dessen Meditation auf Brahman gerichtet ist, erreicht Brahmaloka. Diese Ansicht wird vom Sruti und Smriti unterstützt.
Bei der Meditation über Symbole ist man nicht auf Brahman fixiert, da ein Symbol das Objekt der Meditation ist. Dadurch wird Brahmaloka nicht erreicht.

Referenz: Ch. 4.15.5

4.3.16 Und die Schrift erklärt einen Unterschied [in der Meditation über Symbole].

Kommentar: Daher ist es ziemlich klar, dass diejenigen, die Symbole für ihre Meditation verwenden, nicht die gleiche Belohnung erlangen wie andere. Sie können nicht nach Brahmaloka reisen wie jene, die über Saguna Brahman meditieren.

Referenz: Ch. 7.1.5, Ch. 7.2.2

TEIL 4 - PADA 4

Thema 1 - Die befreite Seele [Jiva] erwirbt nichts Neues, sondern manifestiert nur ihre wahre Natur

4.4.1 Wenn die Seele [Jiva] das höchste Licht erreicht hat, manifestiert sie sich in ihrer eigenen wahren Natur durch die Verwendung des Begriffs „in ihrer eigenen".

Kommentar: Die individuelle Seele manifestiert ihre eigene wahre göttliche Natur, die sehr lange von Unwissenheit [avidya] bedeckt war. Das ist die endgültige Befreiung. Man erwirbt nichts Neues.

Referenz: Ch. 7.12.3

4.4.2 Das Selbst, dessen wahre Natur sich manifestiert hat, ist befreit; gemäß der Zusicherung [durch die Schrift].

Referenz: Ch. 8.9.3, Ch. 8.10.4, Ch. 8.11.3, Ch. 8.7.1, Ch. 8.12.1, Ch. 8.12.3

4.4.3 Das Licht, in das der Jiva eintritt, ist das höchste Selbst aufgrund der Thematik des Kapitels.

Kommentar: Das Wort „Licht" wird auch verwendet, um das höchste Selbst [Atman] zu bezeichnen.

Referenz: Ch. 8.3.4, Ch. 8.7.1

4.4.4 Im Zustand der Befreiung existiert der Jiva [von Brahman] nicht getrennt, weil es in den Schriften so betrachtet wird.

Referenz: Ka. 2.4.15, Ch. 6.8.7, Ch. 7.24.1, Br. 1.4.10, Br. 4.4.6

Thema 3 - Merkmale der befreiten Seele

4.4.5 Die befreite Seele existiert als besessen von [den Qualitäten von] Brahman aufgrund der Referenz usw. meint Jaimini.

Kommentar: Die Qualitäten von Allwissenheit und Allmacht werden erwähnt. Daher meint Jaimini, dass die befreite Seele den bedingten Aspekt von Brahman erreicht.

Referenz: Ch. 8.7.1

4.4.6 Die befreite Seele existiert als reines Bewusstsein oder Intelligenz, das ist ihre wahre Natur oder Essenz; so [denkt] der Weise Audulomi.

Referenz: Br. 4.5.13

4.4.7 Badarayana behauptet, dass es dennoch keinen Widerspruch gibt, da die frühere Natur aufgrund von schriftlichen Verweisen und so weiter zugelassen wurden.

Kommentar: Badarayana versöhnt beide und behauptet die Betrachtung der göttlichen Qualitäten bezieht sich auf eine noch gebundene Seele [Jiva]. Die Betrachtung als reines

271

Bewusstsein oder Intelligenz bezieht sich auf eine befreite Seele [Selbsterkenntnis].

Thema 4 - Die Seele [Jiva], die Saguna Brahman erkennt, bewirkt ihre Wünsche durch bloßen Willen

4.4.8 Aber durch bloßen Willen [erreichen die befreiten Seelen ihre Ziele], denn die Schriften erklären das.

Kommentar: Der Wille einer befreiten Seele ist anders als der Wille eines gewöhnlichen Menschen. Er besitzt die Kraft, Ergebnisse ohne operative Ursache zu erschaffen.

Referenz: Ch. 8.2.1

4.4.9 Und genau aus diesem Grund existiert die befreite Seele ohne einen anderen Herrn.

Referenz: Ch. 8.1.6

Thema 5 - Eine befreite Seele, die Brahmaloka erreicht hat, kann nach Belieben mit oder ohne Körper existieren

4.4.10 Badari behauptet die Abwesenheit von Körper und Organe [einer befreiten Seele], denn so sagt es die Schrift.

Referenz: Ch. 8.12.5

4.4.11 Jaimini behauptet, die befreite Seele besitze einen Körper und Organe, weil es die Schriften [die Fähigkeit einer solchen Seele, verschiedene Formen anzunehmen] erklären.

Referenz: Ch. 7.26.2

4.4.12 Daher betrachtet Badarayana die befreiten Seelen in beiden Formen [daher mit oder ohne Körper und Organe], so wie es beim Dvadasaha Opfer [zwölf Tage] ist.

Kommentar: Aus den zwei Erklärungen der beiden Schriften bestätigt Badarayana, dass eine befreite Seele, die Brahmaloka erlangt hat, nach Belieben in beiden Formen existieren kann, daher mit oder ohne Körper.

4.4.13 In Abwesenheit eines Körpers ist die Erfüllung von Wünsche so wie im Traum möglich.

Kommentar: Wenn es keine Körper oder Sinnesorgane gibt, werden die gewünschten Objekte von den befreiten Seelen mental erfahren, so wie eine verkörperte Person die Freuden ihrer Träume erfährt.

4.4.14 Wenn der Körper existiert ist die Erfüllung der Wünsche so wie im Wachzustand.

Kommentar: Wenn der Körper und die Sinnesorgane existieren, werden die gewünschten Objekte von den befreiten Seelen so wie verkörperte Personen im Wachzustand erfahren.

Thema 6 - Die befreite Seele, die Saguna Brahman erkennt, kann mehrere Körper gleichzeitig beleben

4.4.15 Die befreite Seele kann verschiedene Körper so wie eine Lampe beleben, denn das erklärt die Schrift.

Referenz: Ch. 7.6.2

4.4.16 Die Erklärung des Fehlens von spezifiziertem Wissen wird mit Blick auf einen der beiden Zustände, Tiefschlaf und absolute Vereinigung [mit Brahman] abgegeben, denn dies wird [in den Schriften] deutlich gemacht.

Kommentar: In den vorherigen Sutras wird über eine Person gesprochen, die keine absolute Vereinigung mit Nirguna Brahman, sondern nur Brahmaloka erreicht hat.

Referenz: Br. 2.4.14, Br. 4.3.30, Br. 4.3.32

Thema 7 - Die befreite Seele, die Brahmaloka erreicht hat, erhält alle göttlichen Kräfte außer der Kraft der Schöpfung usw.

4.4.17 Die befreite Seele erlangt alle göttlichen Kräfte mit Ausnahme der Schöpfungskraft usw., weil der Herr der Gegenstand [aller Texte, auf die sich die Schöpfung bezieht] ist und [die befreiten Seelen in diesem Zusammenhang] nicht erwähnt werden.

Kommentar: Dieses Sutra sagt, dass die befreiten Seelen alle göttlichen Kräfte erlangen, wie die Verkleinerung auf atomare Größe usw. mit Ausnahme der Schöpfungskraft, Erhaltung und Vernichtung, die nur der ewig vollkommene Herr [Saguna Brahman] ausführen kann.

Denn der Herr [Saguna Brahman] ist der Gegenstand aller Schöpfungstexte usw., während die befreiten Seelen in diesem Zusammenhang überhaupt nicht erwähnt werden. Außerdem würde dies zu vielen Isvaras führen. Wenn sie [die befreiten Seelen] die Schöpfungskraft des Universums hätten, gäbe es vielleicht innerhalb der Schöpfung Willenskonflikte, usw.

„Der eine wünscht zu erschaffen, der andere zu zerstören". Solche Konflikte können nur vermieden werden, indem man zusammenfasst, dass die Wünsche des einen mit denen des anderen übereinstimmen sollten und daraus folgt, dass alle anderen Seelen auf den höchsten Herrn angewiesen sind. Daher sind die Kräfte der befreiten Seelen nicht absolut, sondern begrenzt und vom Willen des Herrn [Saguna Brahman] abhängig.

„Er erlangt Selbstherrschaft." [Tait. Sam. I.6.2]
„Alle Götter verehren ihn." [Tait. Sam. I.5.3]

Referenz: Ch. 8.1.6, Ch. 7.25.2

4.4.18 Wenn behauptet wird, dass die befreite Seele durch die direkte Lehre der Schriften absolute Macht erlangt, so sagen wir nein, denn die Schriften erklären, dass die befreite Seele jenen [den Herrn] erreicht, der die Sonne usw. mit ihren Ämtern betraut und in diesen Sphären bleibt.

Kommentar: Die befreiten Seelen besitzen keine absolute Macht. Die befreite Seele erhält ihre Macht vom Herrn und ist von ihm abhängig. Daher sind die Kräfte der befreiten Seelen nicht unbegrenzt.

Referenz: Tal. 1.6

4.4.19 Und jenseits aller erschaffenen Dinge liegt seine Existenz [in zweifacher Form, nicht-manifestiert und manifestiert], so erklärt es die Schrift.

Kommentar: Wer über den relativen Aspekt des Herrn meditiert, erlangt nicht seinen transzendenten Aspekt.

Referenz: Ch. 3.12.6

4.4.20 Sruti und Smriti unterstützen diese Ansicht.

Kommentar: Dieses Sutra erklärt, dass der transzendentale Aspekt des Herrn sowohl vom Sruti als auch vom Smriti begründet ist. Sruti und Smriti erklären beide, dass das höchste Licht nicht im Effekt verweilt: „Die Sonne scheint dort nicht, noch der Mond und die Sterne, noch diese Blitze und noch viel weniger dieses Feuer" [Mu. 2.2.10]. „Die Sonne erleuchtet es nicht, noch der Mond noch Feuer." [BG. 15.6].

4.4.21 Die befreite Seele erlangt die Identität mit Brahman nur im Sinn der Freude.

Kommentar: Aus den Schriften weiß man, dass die Kräfte der befreiten Seele nicht unbegrenzt sind. Die Identität mit dem Herrn existiert nur im Sinn der Freude und nicht mit Bezug auf die Schöpfung usw.

Referenz: Br. 1.5.20, Br. 1.5.23

4.4.22 Aufgrund der schriftlichen Aussage gibt es keine Rückkehr für diese befreiten Seelen; aufgrund der schriftlichen Aussage gibt es keine Rückkehr für diese befreiten Seelen.

Kommentar: Dieses Sutra erklärt, dass diejenigen, die auf dem Weg der Götter nach Brahmaloka reisen, nicht mehr zurückkehren. Die Wiederholung der Wörter „keine Rückkehr" usw. gibt an, dass dieses Buch beendet ist.

Referenz: Ch. 4.15.6, Ch. 7.15.1, Br. 6.2.15

Häufige Begriffe

Acharya: ein spiritueller Führer oder Lehrer. Siehe Shankaracharya.

Adharma: Alles, was gegen das Recht und das Gesetz verstößt; Fehler.

Adhibhautika: (Resultierend) aus Dingen wie z. B. Kriege, Meinungsverschiedenheiten, Naturkatastrophen.

Adhibhuta: Was die Elemente betrifft, die Urform der Materie; mit Bezug auf Elemente; die Welt der Objekte, das vergängliche Universum; der materielle Aspekt.

Adhidaiva [Adhidaivika]: Was den Himmel oder die himmlischen Wesen betrifft; Adhidaiva (mit Bezug auf die Götter – die Sinnesorgane); Hiranyagarbha oder kosmische Seele, die alle Organe aller Wesen segnet.

Adhikarana: Abschnitt; Thema; Gefäß; (in der Philosophie) ein Substrat.

Adhyatma: Brahman im vergänglichen Selbst [Jiva] manifestiert.

Adhyatmika: Was den Atman betrifft.

Adhyaya: Lektion, Vortrag oder Kapitel.

Aditya [Adityas]: Sonnengott; Sonne; eine Klasse himmlischer Wesen; Sonnengötter, Kinder der Unendlichkeit (Söhne von Aditi).

Advaita: nicht (a) zwei (dvaita); nicht-duale Philosophie.

Advaita vedanta: nicht-dualistische Philosophie.

Agami (Karma): Karma wird produziert, um danach oder zukünftig zu erleben.

Agni: Feuer. Der Gott des Feuers.

Agni-hotra: ein Feueropfer; ein Ritual für die Gottheit Agni.

Aham: „Ich" oder Ego.

Aham Atma: Ich bin der Atman.

Aham Brahmasmi: „Ich bin Brahman" – einer der vier Mahavakyas.

Ahamkara (Ahankara): dynamischer Egoismus; Leidenschaft und Stolz; Selbstverliebtheit; das selbstverherrlichende Prinzip „Ich".

Ajati [Ajata] vada: Die Theorie der Nicht-Evolution oder Nicht-Schöpfung.

Ajnana: Unwissenheit; d. h. noch (geistig) unwissend ist.

Akasa: Äther, Raum oder Himmel.

Akrodha: Abwesenheit von Wut.

Akshara: Es bedeutet Brahman. Es kann auch die nicht-manifestierte Prakriti oder Maya bedeuten; unvergänglich, unveränderlich.

Akshara Purusha: Das nicht-manifestierte Universum oder Maya wird Saguna Brahman [Isvara] genannt. Akshara Purusha und Kshara Purusha sind relativ. Jenseits dieser beiden Purushas ist der Uttamapurusha, das Absolute oder Brahman.

Anadi: ohne jeglichen Anfang.

Ananda: wahres Glück oder Glückseligkeit; Freude.

Anandamaya Kosa: glückselige Hülle. Ursache der physischen und subtilen Hülle.

Ananta: unendlich; ewig, endlos.

Anatman: etwas anderes als Geist oder Seele (nicht Selbst oder Atman); wahrnehmbare Welt.

Angirasa: Brihaspati oder der göttliche Lehrer; der Herr der Weisheit.

Annamaya kosa: physischer Körper; die Hülle aus Nahrung.

Antahkarana: inneres oder mentales Organ; vierfacher Verstand; Denken (Manas), Intellekt (Buddhi), Ego und Erinnerung (Chitta).

Antaryamin: Innerer Herrscher; das höchste Wesen, das in jeder Schöpfung gegenwärtig ist und alle Geschöpfe lenkt.

Ap: Wasser – eines der fünf Elemente.

Apana: Die Lebensenergie (Prana), die die Bauchregion regiert, die ihr Zentrum im Anus hat; sie übernimmt die Ausscheidungsfunktion der Fäkalien; sie wirkt auf den Auswurf; der nach unten gehende Atem bzw. Lebensenergie.

Apara-brahman: unterer Brahman; Saguna Brahman oder Isvara (persönlicher Gott).

Apara-prakriti: die niedrigere kosmische Energie, durch die Gott [Brahman] alle Formen in der Natur projiziert, physisch und subtil. Sie besteht aus Erde, Wasser, Feuer, Raum und Luft, Denken, Intellekt und dem Ego.

Apara-vidya: Kenntnis der Veden oder niedrigeres Wissen; intellektuelles Wissen.

Asat: Das, was nicht ist; unwirklich; nicht existiert im Sinne von nicht manifestiert; Nicht-Sein im Gegensatz zu Sat oder Sein, Existenz oder Realität.

Asrama: Lebensordnung, Lebensabschnitt (davon vier, Brahmacharya oder spirituelle Schüler, Grihastha oder das Haushaltsleben, Vanaprastha oder Waldhaus und Sannyasa Klosterleben).

Asvamedha: das Rossopfer oder Opfer der Pferde.

Asvamedha-yajna: das Opfer der Pferde; eine aufwendige vedische Zeremonie.

Asvattha: der heilige Feigenbaum.

Asvins: Die beiden Reiter auf dem Pferd; Pferdelenker; Name für ein göttliches Zwillingspaar; Herren der freudigen Aufwärtsbewegung des Intellekts und der Lebenskräfte; sie sind Kräfte der Wahrheit, des intelligenten Handelns, des rechten Genusses.

Atman (oder Atma): Das Selbst; das höchste Selbst; Atman ist Brahman, absolutes Bewusstsein.

Avidya: Ignoranz; Unwissenheit oder Maya; eine Sakti oder Illusionskraft in Brahman.

Bhagavad Gita: Der heilige Text, der Teil des Hindu-Epos Mahabharata ist. Es ist ein Dialog zwischen Krishna, dem

Wagenlenker/Gott, der das höchste Selbst darstellt, und dem Krieger Arjuna, der jeden von uns auf dem Schlachtfeld von Kurukshetra vor Beginn der Schlacht symbolisiert. Die Schrift gilt als Smriti.

Bhakti: Hingabe; Liebe (Gottes).

Bhakti Yoga: Die Bezeichnung für den Weg der liebenden Hingabe an Gott, der meist als persönlich angesehen wird.

Bharata: ein Nachkomme von König Bharata, dem Sohn von Sakuntala und Dushyanta. In der Gita bezieht sich das Wort gelegentlich auf Dhritarashtra und häufig auf Arjuna, die beide vom alten König Bharata abstammen.

Bhashya: erklärende Arbeit oder Kommentar zu anderen heiligen Schriften.

Bhuma: die höchste Realität, Brahman. Das Unendliche, Unveränderliche, Ewige.

Brahma: Schöpferaspekt auch als Hiranyagarbha oder kosmische Intelligenz bezeichnet, Gott als Schöpfer des Universums in der hinduistischen Mythologie (die anderen sind Vishnu der Erhalter und Shiva der Zerstörer). Die Lebenszeit, der Zustand der Manifestation von Brahma beträgt 311.4 Billionen menschliche Jahre. Nicht zu verwechseln mit Brahman, der absoluten Realität!

Brahmachari: Zölibatär; religiöser oder keuscher Student; einer, der zu den ersten der vier Asramas oder Lebensordnungen gehört; einer, der in Reinheit lebt und die Veden studiert.

Brahmacharya: die erste Phase des Hindu-Lebens, nämlich das zölibatäre Studentenleben.

Brahmaloka: die Welt des vierköpfigen Schöpfers. Die Welt von Brahma. Der höchste Himmel laut dualistischen Religionen.

Brahma Priester: Das Oberhaupt der vier Priester der ein Ritual leitet.

Brahman: das universelle Selbst oder absolutes Bewusstsein, das Absolute, die einzig absolute Realität, die höchste Transzendenz; Gott selbst. Es gibt nur Brahman. Die höchste Realität, die eins und unteilbar, unendlich und ewig ist; die alles durchdringende, unveränderliche Existenz – Wissen – Glückseligkeit; die Essenz von Jiva [individuelle Seele], Isvara [persönlicher Gott] und Maya. Von der Wortwurzel „bṛh" (expandieren, wachsen, vergrößern).

Buddhi: Intellekt; Verständnis; Vernunft. Das Organ des Geistes, das für die Unterscheidung und den Urteilsvermögen verantwortlich ist.

Chandra: Mond.

Chandraloka: die Welt (Loka) des Mondes (Chandra).

Chit: reiner Gedanke oder reines Bewusstsein. Das Prinzip der universellen Intelligenz oder des Bewusstseins.

Chitta: Unterbewusstsein, Erinnerung.

Daiva: Gott, der alle Wesen kontrolliert und ihnen das gibt, was ihnen zusteht; Schicksal; Bestimmung; kontrollierende Macht.

Dakshina: Ein Ritual, das bei einem Opfer oder der Sammlung dieser Opfergaben gemacht wird.
Guru Dakshina ist die Bezahlung eines Schülers an seinen Lehrer nach Abschluss seines Studiums (nicht mit Geld, sondern normalerweise als Aufgabe oder einem besonderen Geschenk).

Dana: Wohltätigkeit; Spenden.

Devas [deva]: Götter; himmlisch, göttlich.

Dharma: Tugend, Verhalten, Pflicht, Gerechtigkeit und Moral. Die bevorzugte Bedeutung der meisten traditionellen Lehrer ist jedoch „Natur, Charakter, wesentliche Qualität oder Essenz."

Draupadi: die Frau der fünf Söhne von Pandu.

Duryodhana: der älteste Sohn von König Dhritarashtra und der Anführer der Kauravas.

Dvaita: Dualität, Philosophie des Dualismus; Glaube, dass Gott und der Atman getrennte Einheiten sind.

Gandharva: halbgöttliche Wesen; ein himmlischer Musiker im Hinduismus, Engelwesen.

Gaudapada: der Autor des Kommentars (Karika) über die Mandukya Upanishade. Er soll der Lehrer von Adi Shankaras Lehrer gewesen sein.

Gayatri: eines der heiligsten vedischen Mantras oder Texte der Hindus.

Guna: Qualität aus der Natur. Nach der klassischen Samkhya Philosophie besteht die Schöpfung aus drei "Qualitäten" Sattva, Rajas und Tamas. Alles – Materie, Gedanken, Gefühle etc. setzt sich aus diesen drei Gunas zusammen, und es sind jene relativen Proportionen [der Gunas], die die Natur eines Objekts oder einer Person bestimmen.

Guru: Buchstäblich "schwer"; bezeichnet die Ältesten oder eine Person der Ehrfurcht, im Westen aber eher einen spirituellen Lehrer.

Hiranyagarbha: Brahma oder kosmische Intelligenz; die Totalität aller subtilen Körper; das höchste geschaffene Wesen, durch das das physische Universum projiziert wird. Das erste geschaffene Wesen von Saguna Brahman [Isvara] im relativen Universum.

Hota [Hotri Priester]: Priester, der das Rig-Veda in einem Opfer rezitiert.

Hrishikesha: Herr der Sinne, ein Beiname von Krishna.

Indra: Der Verstand oder die Seele; der Herr der Sinne; eine hinduistische Gottheit; Oberhaupt der Himmlischen; der Herrscher des Himmels.

Indriya: Der Sinn der Wahrnehmung; Sinnesorgan; dies ist entweder das physische äußere Karma-Indriya (Organ der Handlung) oder das innere Jnana-Indriya (Organ des Wissens, der Erkenntnis oder der Wahrnehmung).

Isa: Herr.

Isvara [Ishvara] – auch Saguna Brahman oder Maya. Der Herr; Schöpfer des phänomenalen Universums; Lenker der Kraft von Maya. Die Totalität aller kausalen Körper.

Jagat: Welt; im Wandel, Erde, die Menschheit.

Jagrat: der Wachzustand des Bewusstseins.

Japa: Wiederholung eines Namens Gottes; Wiederholung eines Mantra.

Jiva: individuelle Seele mit Ego Identifikation. Die Identifikation des Atman bzw. Brahman mit Körper und Geist [Denken und Intellekt]; manchmal auch als „der verkörperte Atman" bezeichnet.

Jivatma [Jivatman]: individuelle Seele.

Jivanmukta: Einer, der in diesem Leben befreit wurde.

Jnana: Wissen; Weisheit der Realität oder Brahman.

Jnanayoga: Der Weg des Wissens; Meditation durch Weisheit; ständiges und ernsthaftes Nachdenken über die wahre Natur des Selbst, wie es von einem Guru gelehrt wurde.

Jnani: Der mit wahrer Erkenntnis oder Intelligenz ausgestattet ist; ein Weiser; oft benutzt, um sich auf einen Erleuchteten zu beziehen.

Jyoti [Jyotih]: Licht; Beleuchtung; Leuchtkraft; Glanz.

Kaivalya: Transzendentaler Zustand absoluter Unabhängigkeit; Moksha; endgültige Seligpreisung; Loslösung der Seele von der weiteren Transmigration, die zum ewigen Glück oder zur Befreiung führt.

Karma: Aktion, Arbeit oder Handlung oder allgemein als „Gesetz" bezeichnet. Es ist von drei Arten: Sanchita (alle angesammelten Handlungen aller früheren Geburten), Prarabdha (der besondere Teil des Karmas, der für das Ausarbeiten im gegenwärtigen Leben vorgesehen ist) und Agami (das aktuelle Karma wird vom Individuum frisch ausgeführt). Es ist das Karma, das durch das Gesetz von Ursache und Wirkung den Jiva oder die individuelle Seele an das Rad von Geburt und Tod bindet. Der schöpferische Akt (identifiziert mit Opfergaben), der alle Wesen in die Existenz bringt.

Karmayoga: Yoga des selbstlosen Handelns; Erfüllung der eigenen Pflicht; Gleichgültigkeit gegenüber dem Körper und der Welt; Dienst am Menschen.

Kavi: Seher; Dichter.

Kosa [Kosha]: Hülle; eine Hülle, die die Seele [das höchste Selbst oder Atman] umschließt; es gibt fünf solcher Hüllen: die Hülle der Glückseligkeit, des Intellekts [Vernunft], des Denkens, der Lebenskraft [Prana] und des physischen Körpers.

Kramamukti: Schrittweise Befreiung, wobei man von dieser Welt in die Welt von Brahma übergeht und von dort Kaivalya erreicht.

Krishna: Schwarz, dunkel; Gottheit Vishnu in seiner achten Inkarnation; Held der indischen Mythologie und Lehrer in der Bhagavad Gita.

Kshatriya: ein Mitglied der zweiten der traditionellen vier Kasten in Indien, der Krieger-Klasse.

Kshetra: Ein „Feld"; bezieht sich in der Bhagavad Gita auf den Körper-Geist-Organismus, in dem wir uns befinden. Aber auch auf das kosmische „Feld" d. h. das gesamte objektive Universum.

Kshetrajna: Das was das kshetra erkennt, also das wahre Selbst. Das Bewusstsein das Kshetra erleuchtet. Krishna lehrt, dass Kshetrajna nicht anders als Brahman ist.

Lila: Spiel; Sport; der Kosmos wird als göttliches Spiel betrachtet. Er [Brahman] spielt alle Rollen so, dass sie ihre wahre Natur nicht kennen und glauben, sich getrennt zu fühlen.

Loka: Welt, Universum, Himmel.

Mahat: großartig; Größe; der Intellekt bzw. kosmische Intelligenz (Buddhi) als erste Modifikation der Prakriti.

Manas: die denkende Fähigkeit; das „Organ" des Denkens als Vermittler zwischen den Sinnen und dem Intellekt (Buddhi).

Manomayakosa: Eine der Hüllen des Selbst [Atman], die aus dem Verstand [Denken] besteht. Die mentale Hülle.

Mantra: Eine Gruppe von Wörtern (oder manchmal nur eine oder mehrere heilige Silben), die traditionell eine mystische Bedeutung haben und in vielen Religionen ein echter „Name Gottes" oder ein kurzes Gebet sind.

Manu: der berühmte Gesetzgeber des alten Indiens; der Name einer mythischen Persönlichkeit.

Marut [Maruts]: Eine bestimmte Klasse von Himmelskörpern; bestimme Götter des Sturms; der Windgott.

Maya: Die anfangslose trügerische Kraft von Brahman; Synonyme für Maya sind u. a. Prakriti; Avidya; Sakti; Magie; die Verschleierung und die projizierende Kraft des Universums, auch Isvara oder universelle Unwissenheit. „ma" (Messen, zu begrenzen, Form geben) und „ya", allgemein als „das" übersetzt. Die „ordnungsgemäß schöpferische Aktivität, die dem Absoluten innewohnt z. B. Feuer und seine Natur zu brennen" oder „Sonne und ihre Sonnenstrahlen." Maya existiert nicht (absolut). Sie existiert (relativ), noch beides zusammen daher ist unbeschreiblich.

Mithya: falsch; unwirklich; illusorisch.

Moksha: Befreiung; Erleuchtung, Selbstverwirklichung, Selbsterkenntnis; die Befreiung aus dem Rad von Geburt und Tod [Samsara].

Nadi: Nerv; Kanal; psychischer Strom.

Namarupa: Name und Form; die Natur der Welt auch manchmal als Maya bezeichnet.

Namaskara: Haltung/Mudra des Grußes, bei der die Innenhandflächen aneinanderliegen. „Verneigung vollziehe ich." – gegenüber dem Selbst [Atman] in dir d.h. nicht dem Ego.

Namaste: „Verneigung sei dir" – gegenüber dem Selbst [Atman] in dir daher nicht dem Ego.

Neti Neti: „Nicht das, nicht das." Der analytische Prozess der progressiven Negierung aller Namen und Formen, um zur ewigen Wahrheit [Brahman] zu gelangen.

Nirgunabrahman: das unpersönliche, eigenschaftslose absolute Brahman. Die absolute Realität.

Nörderlicher Pfad: Devayana oder der Weg der Götter wobei der Jiva, Brahmaloka erreicht.

Om: Die Pranava oder die heilige Silbe, die Brahman symbolisiert; das Mantra oder Symbol von Brahman in seinen vier Zuständen von Turiya bis zur äußeren oder materiellen Ebene; auch A – U – M. A (Wachzustand), U (Traumzustand) (M) Tiefschlaf. Turiya ist jenseits der drei Zustände.

Omkara: dasselbe wie Om.

Om Tat Sat: eine Bezeichnung von Brahman; Om – Tat „Das" – Sat „Sein".

Pada: Fuß; ein Viertel oder Position.

Pandu: der jüngere Bruder von König Dhritarashtra und Vater von Yudhishthira, Bhima, Arjuna, Nakula und Sahadeva.

Papa: Sünde; eine böse Tat; Böses; Fehler.

Paradharma: die Pflicht eines anderen.

Paraprakriti: Die höhere kosmische Energie, durch die der höchste Brahman als einzelne Seelen [Jivas] erscheint; das Bewusstsein, das jeden Körper und die gesamte Schöpfung unterstützt.

Phala: Frucht; Wirkung; wird oft im Zusammenhang mit einem Effekt verwendet, der sich zwangsläufig aus der Handlung ergibt.

Pradhana: Materie. Ein Sankhya Begriff für Prakriti; die Oberste; die Ursache aller Elemente; undifferenzierte Materie; laut der Sankhya Philosophie ist es die materielle Ursache, entsprechend Maya. Es unterscheidet sich jedoch von Maya: Pradhana ist real, während Maya unwirklich oder phänomenal ist; es ist unabhängig, während Maya von Brahman abhängig ist.

Prajapati: Stammvater; Schöpfer; eine hinduistische Gottheit; Brahma der Schöpfer; der Name, der den zehn Söhnen von Brahma gegeben wurde. Die Söhne werden als die ersten und ursprünglichen Vorfahren der menschlichen Rasse betrachtet.

Prakriti: Natur. Kausale Materie; Sakti oder Maya bestehend aus den drei Gunas (Sattva, Rajas und Tamas); Name der Pradhana [Materie] aus der Sankhya Philosophie.

Pralaya: Vollständige Verschmelzung; Auflösung, Zerstörung, Vernichtung, wenn der Kosmos in (1) seine unsichtbare unmittelbare Ursache, die nicht-manifestierte kosmische Energie [Maya], oder (2) in die absolute Realität übergeht. Es gibt vier Arten von Auflösungen: Nitya, Naimittika, Prakrita und Atyantika.

Prana: Lebensenergie; Lebensatem; Lebenskraft, „Atem des Lebens", die Lebenskraft im Körper, vitaler Atem.

Pranamayakosha: die Hülle des Prana (eine der fünf Hüllen, die unsere wahre Essenz d. h. Atman umgeben).

Pranava: mystisches oder heiliges Symbol OM.

Prarabdha (Karma): Der Teil des Sanchita Karma, der das gegenwärtige Leben bestimmt. Wörtlich „begonnen."

Punya: Verdienst; Tugend oder „tugendhaft."

Purusha: Das höchste Wesen; ein Wesen, das in der Stadt (des Herzens aller Wesen) liegt. Der Begriff wird auf den Herrn angewendet. Die Beschreibung bezieht sich auf das Selbst [Atman], dass im Herzen aller Dinge ist. Um Bhagavan oder den Herrn vom Jivatma zu unterscheiden, wird er als Parama (höchster) Purusha oder Purushottama (der beste der Purushas) bezeichnet.

Purva Mimamsa: Philosophisches System, basierend auf den ersten Teil der Veden und wird Jaimini zugeschrieben. Hauptsächlich geht es darum, die Natur des Dharma oder des richtigen Handelns mit Bezug auf Opfergaben und anderen religiösen Zeremonien zu erforschen.

Rishi: Weiser; Seher der Wahrheit.

Sadhana: Selbstbemühung; Werkzeug; Umsetzung; spirituelle Praxis. Bezieht sich auf die spirituellen Disziplinen, die als Teil zur Selbstverwirklichung dienen.

Sagunabrahman: Isvara oder Brahman in Verbindung mit Maya. Das höchste Absolute, das mit Eigenschaften wie Barmherzigkeit, Allmacht, Allwissenheit usw. ausgestattet ist und sich vom undifferenzierten Absoluten unterscheidet. Der persönliche Gott.

Sakti: Kraft; Energie; Potenz oder Maya; die göttliche Kraft der Schöpfung; der scheinbar dynamische Aspekt des ewigen Seins; die absolute Kraft oder kosmische Energie z. B. Feuer und seine brennende Kraft.

Samadhi: Hoher Bewusstseinszustand, in dem das Absolute mit Allwissenheit und Freude erlebt wird; Ein-Sein; hier wird der Intellekt mit dem Objekt der Meditation identifiziert; der Meditierende und das Objekt der Meditation, Denker und der Gedanke werden in vollkommener Versunkenheit des Intellekts eins; der Zustand des totalen Friedens und der Stille. Es gibt mehrere Stufen von Samadhi – Vikalpa Samadhi, Savikalpa Samadhi, Nirvikalpa Samadhi und Sahaja Samadhi.

Saman: gesungenes Lied, Gesang, heiliges Lied.

Samana: Einer der fünf Pranas oder Lebensenergien des menschlichen Körpers, der die Funktion der Verdauung übernimmt.

Samkhya: Eine der drei Hauptrichtungen der hinduistischen Philosophie und eine der sechs Darshanas; wird dem Weisen Kapila zugeschrieben.

Samsara: Leben durch wiederholte Geburten und Todesfälle; der Prozess des weltlichen Lebens; der kontinuierliche Zyklus von Tod und Wiedergeburt eines Jivas in der phänomenalen

Welt bis er erleuchtet [Selbsterkenntnis] wird und daraus entkommt.

Sanchitakarma: Die Summe aller Handlungen eines Jiva während unzähliger vorangegangener Geburten, von denen ein Teil für jede neue Geburt zugeteilt wird [siehe Prarabdha Karma].

Shankaracharya: einer der größten Philosophen, geboren c.a. 7. Jahrhundert n. Chr. Er war der Schüler von Govinda Bhagavatpada, dessen Lehrer Gaudapada war [paramaguru].

Sankhya: ein von Kapila vorgeschlagenes System der Philosophie, siehe Samkhya.

Sannyasa: Verzicht auf soziale Bindungen; die letzte Phase des hinduistischen Lebens, die Phase der spirituellen Meditation.

Sat: Existenz; Sein; Realität; Wahrheit.

Satchidananda [Sat-chit-ananda]: absolute Existenz-Wissen-Glückseligkeit. Laut Swami Dayananda auch „Sat-Chit-Ananta" d. h. absolute Existenz-Wissen-Unendlichkeit. Die wahre Natur von allem.

Shiva [Siva]: der „Glückliche" – der dritte Gott der hinduistischen Trinität [Brahma, der Schöpfer; Vishnu, der Erhalter und Shiva, der Zerstörer].

Shraddha: Glaube, Vertrauen ohne direkte persönliche Erfahrung.

Shruti [Sruti]: Bezieht sich auf die Veden, die die Upanishaden einbeziehen. Wörtlich bedeutet es „Hören" und bezieht sich auf den Glauben, dass die Bücher mündlich übermittelt wurden.

Siddhi: Perfektion; psychische Kraft.

Smriti: Gedächtnis; Gesetzbuch. Bezieht sich auf ein Material, an das man sich erinnern kann und danach aufgeschrieben wird.

Soma: Die Pflanze, die den mystischen Wein für das vedische Opfer hervorgebracht hat; der Wein selbst, der den Rausch der Ananda darstellt, die göttliche Freude des Seins; die repräsentative Gottheit der Seligpreisung.

Surya: die Sonne; der Sonnengott, der Herr der Wahrheit und das Licht.

Sutra: Faden; String; ein Aphorismus mit minimalen Worten und maximalem Sinn; ein knapper Satz.

Südlicher Pfad: Der Weg der Vorfahren wo der Jiva Chandraloka erreicht. Danach wird er wiedergeboren.

Svadharma: laut dem ewigen Gesetz die eigene vorgeschriebene Pflicht. Das eigene Dharma.

Svaha: Ein Opfer, das den Göttern dargebracht wird; ein Ausruf, um den Göttern Opfer darzubringen.

Swami: ein spiritueller Lehrer.

Tapas: Askese; Strenge; reinigende Handlung; Buße; Hitze; jede Art von Energie; das wesentliche Prinzip der Energie.

Tat-Tvam-Asi: „Das bist du"; einer der vier Mahavakyas in der Chandogya Upanishade.

Tejas: Brillanz (besonders spirituell); das Element des Feuers [oder Licht].

Turiya: Der absolute Zustand; das höchste Selbst [Atman] der Geschöpfe das alle Bedingungen und Zustände übersteigt; Einheit. Turiya bezieht sich auf die nicht-duale Realität; der Hintergrund der anderen Zustände (Erwachen, Traum und Tiefschlaf). Es ist die wahre Natur einer Seele [Jiva]. Die anderen drei Zustände sind mithya.

Udana: Eine der fünf Lebensenergien [Pranas], die mit der Kehle verbunden ist.

Udgita: Om; Pranava; klangvolles Gebet.

Uma [Umadevi]: Gemahlin der Gottheit Siva; Sie vermittelte Indra das Wissen über Brahman; auch Uma Haimavati d. h. Tochter des Himalayas.

Upadhi: Eine überlagerte Sache oder ein Attribut, das die darunter liegende Substanz verschleiert und einen gefärbten Blick auf sie wirft; ein Ersatz, ein Phantom, eine Verkleidung,

Begrenzungszusatz; wörtlich etwas, das an die Stelle einer anderen Sache tritt.

Upanishaden: 108 oder mehr Abhandlungen als ein Teil (normalerweise das Ende) der vier Veden. Texte über die absolute Wahrheit und ihre Verwirklichung. Wörtlich: Neben einem Meister (upa) zu seinen Füßen (ni) sitzen (Shad) daher die Idee ist, dass man zu Füßen eines Meisters sitzt, um seine Worte zu hören.

Upasana: (Wörtlich) in der Nähe sitzen; Anbetung oder Meditation über Gott oder einer Gottheit.

Vak: Sprache; Rede; Sprache als Göttin verkörpert, Frau von Prajapati (Herr der Geschöpfe).

Varuna: Die göttliche Intelligenz, die über das Element Wasser herrscht; Gottheit des Wassers. Einer der vedischen Hauptgötter.

Vasana: Subtiles Verlangen; Samskara; eine Tendenz, die durch Handlungen oder einem Wunsch entsteht; sie veranlasst die Person, die Handlung zu wiederholen; der mentale Eindruck im Intellekt, der dazu fähig ist, sich in Handlungen zu entwickeln; Vasanas sind die Ursache von Geburt und Erfahrung; der mentale Eindruck von Handlungen, der unbewusst im Intellekt bleibt.

Vasishta: „Der Wohlhabendste"; ist einer der sieben Weisen (saptarishi) im Hinduismus. Wie die anderen sieben Weisen bildet er einen der sieben Sterne des Großen Bären.

Vayu: Luft oder Wind. Der Windgott; vitaler Atem; Prana.

Veda: Wissen; göttliches Wissen. Die Veden sind die heiligen Schriften und die Grundlage der Religion der Hindus. Wenn sie in Vergessenheit geraten, werden sie von den Rishis durch Meditation reproduziert. Die Veden werden als ewig betrachet. Sie lehren, wer und was Brahman ist und wie man ihn verehrt. Die Smritis, Itihasas und Puranas verstärken ihre Lehre. Sie sind die älteste, authentischste Schrift der Hindus.

Veden: die großen Schriften der Hindus und die ultimative Autorität der hinduistischen Religion. Rig-Veda, Sama-Veda, Yajur-Veda, Atharva-Veda.

Videhamukti: Körperlose Befreiung; Erlösung, die von der verwirklichten Seele nach dem Verlassen der physischen Hülle erreicht wird, im Gegensatz zu Jivanmukti, der Befreite während des Lebens.

Vidya: Wissen (von Brahman); Wissenschaft, Lernen. Es gibt zwei Arten von Wissen, Paravidya und Aparavidya; ein Prozess der Meditation oder Anbetung.

Vijnanamayakosa: Die intellektuelle Hülle; eine der Hüllen der Seele [Jiva], die aus dem Buddhi [Intellekt oder Vernunft] besteht.

Virat: Makrokosmos; die physische Welt, die man sieht.

Vyana: Eine Funktion der fünf Pranas, d. h. der Blutkreislauf; eine der fünf Lebensenergien [Pranas], die den ganzen Körper durchdringt.

Yajna: ein Opfer; Anbetung, Hingabe.

Yaksha: Ein Wesen, das von Kubera, dem Gott des Reichtums, kontrolliert wird.

Yama: der Gott des Todes und Spender der Gerechtigkeit; oder auch die Zeit.

Yoga: Verbinden oder anfügen. Vereinigung; abstrakte Meditation oder Vereinigung mit dem höchsten Selbst [Atman]; Vereinigung mit der Wahrheit [Brahman]; jeder Pfad, der eine solche Vereinigung ermöglicht; unerschütterlicher Geisteszustand unter allen Bedingungen. Yoga besteht hauptsächlich aus vier Kategorien: Karma, Bhakti, Raja und Jnana Yoga.

Anhang
Illustration: Wasser als Ozean und Welle

Wasser: Eigenschaftsloses pures Bewusstsein, die absolute Realität, die Essenz von allem was ist.
Synonyme: Brahman bzw. Nirguna Brahman, Om, Atman, das höchste Selbst, die absolute Wahrheit.

Ozean: reines Bewusstsein + universelle Unwissenheit [Maya], die relative empirische Realität.
Synonyme: Saguna Brahman daher Brahman mit Eigenschaften, Isvara, „Gott" in den Religionen, das Schöpfungsprinzip, das phänomenale Universum, die Totalität aller „scheinbaren" individuellen Seelen [Jivas].

Welle: reines Bewusstsein + individuelle Unwissenheit [Avidya], der Jiva.
Synonyme: individuelle Seele, das Ego oder der Ego-Gedanke, ein scheinbares Individuum.

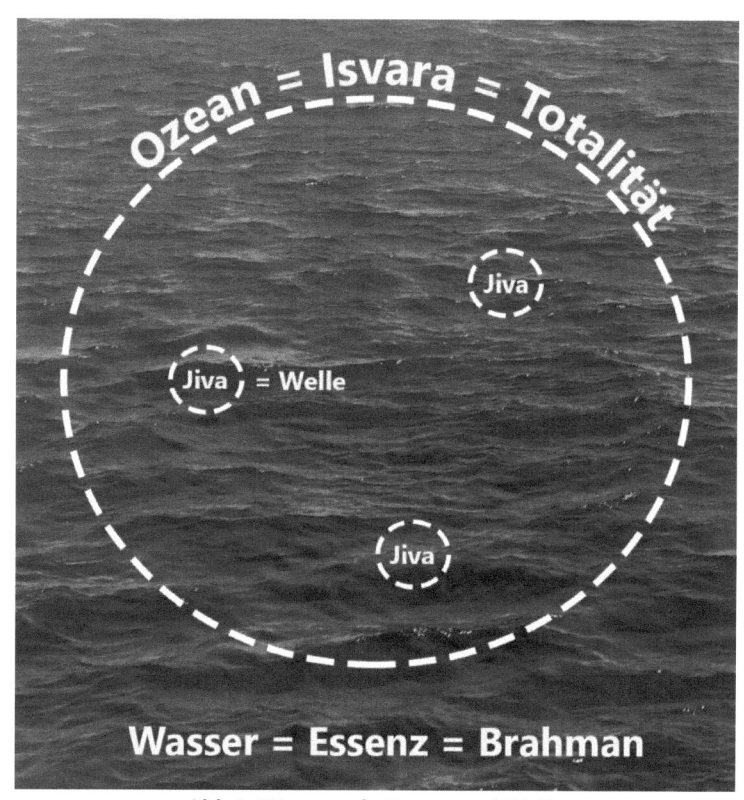

Abb 1. Wasser als Ozean und Welle

Bibliografie

Chidbhavananda, Swami: The Bhagavad Gita. Sri Ramakrishna Tapovanam/Tirupparaitturai/India; Twenty-two impressions edition (August 19, 2008)

Chinmayananda, Swami: The Holy Geeta. Central Chinmaya Mission Trust/Mumbai/India; 10th edition (January 1, 1996)

Felber, Thomas: Vedanta Lexikon. BoD (September 2018)

Gambhirananda, Swami, Sankaracarya: Brahma Sutra Bhasya. Advaita Ashrama; New edition (1. Januar 2000)

Parthasarathy, Swami: The Complete Works of Swami Parthasarathy. Vedanta Life Institute (2012)

Pathak, Bhawesh Nath: Brahma Sutras The Vedantic Aphorisms Annotations of Vyasa's Brahma Sutras in English Verses. Eastern Book Linkers (December 31, 2007)

Sastri, Alladi Mahadeva: The Bhagavad Gita with The Commentary of Sri Sankaracharya. Samata Books/Chennai, 7th Edition (1977)

Sivananda, Swami: Brahma Sutras: Text, Word-to-Word Meaning, Translation, and Commentary. The Divine Life Society; 3rd edition (January 8, 2012)

Über den Autor

Geboren am 19. Februar 1982, Wien.
Seit meiner Jugend, Interesse an den östlichen
Weisheitslehren und Weltreligionen, der Kosmologie und
Philosophie.
Ausbildung und Tätigkeit als Softwareentwickler sowie ein
dreijähriges Studium der Vedanta Philosophie unter Swami
Parthasarathy. Ergänzende Kontemplation anderer Vedanta
Texte.

Kontakt: contact@satyam.at

Vedanta verändert nicht die Welt, sondern die Sicht auf die
Welt.

OM TAT SAT

Herstellung und Verlag:
BoD-Books on Demand, Norderstedt
ISBN: 978-3-7528-4867-0